ELS VERBS CATALANS CONJUGATS

Elaine A. Melville
Sept. '97

Joan Baptista Xuriguera

ELS VERBS CATALANS CONJUGATS

Editorial Claret
Barcelona

Col·lecció Pompeu Fabra, núm. 6
Coberta: Anton M. Vilarrubias

Trenta-tresena edició

Editorial Claret, S.A.
Roger de Llúria, 5 – 08010 Barcelona
Imprès a Liberdúplex, S.L.
Constitució, 19 – 08014 Barcelona
ISBN 84-7263-252-0, onzena edició, revisada i corregida
(ISBN 84-7263-001-3, primera edició)
(ISBN 84-7263-161-3, vuitena edició)
Dipòsit legal: B. 29.553-1996

Pròleg

Hem considerat oportuna i necessària la publicació d'un llibre que contingués la conjugació completa dels verbs catalans. Calia adaptar als nostres dies l'obra de classificació dels nostres verbs realitzada per Pompeu Fabra, i presentar-la d'una forma senzilla i clara, que permetés el lector de trobar ràpidament el verb desitjat.

Els cent vint quadres que figuren en aquestes pàgines comprenen els models de les tres conjugacions, i també llurs variants. En cada quadre oferim el verb complet, amb els temps compostos inclosos.

En l'extens índex hi ha tots els verbs continguts en el **Diccionari General de la Llengua Catalana**, i cadascun porta a la dreta el número que indica la pàgina del llibre on es troba la conjugació corresponent.

Ens ha semblat útil presentar els verbs en tota llur extensió. Així, cada conjugació comporta els vuit temps del mode indicatiu, els dos del mode condicional i els quatre del mode subjuntiu. I, a continuació, el mode imperatiu i el gerundi i els quatre participis. A la casella del perfet d'indicatiu hi hem afegit, demés, la forma perifràstica, que té un significat idèntic. Aquesta forma és: **vaig, vas** (o **vares**), **va, vam** (o **vàrem**), **vau** (o **vàreu**), **van** (o **varen**). Així cada verb resta ben arrodonit.

Hauríem pogut, encara, afegir un cinquè temps personal al mode subjuntiu: el pretèrit perifràstic, el qual expressa com a irreal una acció que, en el cas d'ésser real, podríem expressar perfectament amb el pretèrit perfet d'indicatiu. Es tracta de l'addició de l'infinitiu a les formes **vagi, vagis, vagi, vàgim, vàgiu, vagin.** Però considerat per alguns gramàtics com pertanyent al llenguatge vulgar, hem cregut que no feia gaire falta al nostre quadre de conjugacions.

Hem procurat que **el maneig d'aquest llibre** fos el més fàcil possible:i així hem destacat tipogràficament les desinències dels verbs models de la primera i de la tercera conjugacions, perquè sigui possible de realitzar més ràpidament la composició del verb buscat. De vegades dos verbs es conjuguen idènticament però varien només els participis. En aquest cas hem establert una nova conjugació, i el número de l'índex remetrà el lector a la pàgina on es trobarà l'esmentada variant.

El nostre desig és que aquest llibre pugui ésser un bon instrument de treball, ràpid, correcte i fàcil, i ens sentirem satisfets si hem aconseguit aquest resultat.

El verb ocupa en la Gramàtica un lloc de primer ordre. i és en la frase el moviment, l'acció i l'esperit. És la part més variable de l'oració i, sens dubte, la que ofereix més dificultats a l'hora d'escriure.

Els verbs catalans es divideixen en **tres conjugacions:**

Pertanyen a la **primera conjugació** els verbs acabats en **ar,** i tots ells, llevat **anar i estar,** es conjuguen com el verb model **cantar.** Però aquells la darrera síl.laba dels quals és **jar, gar, car, çar, guar i quar,** canvien la **j, g, c, ç, gu i qu,** en **g, gu, qu, c, gü** i **qü** davant **e, i.** (Exemples: **menjar, menges, mengi; plegar, plegues, plegui; tancar, tanques, tanqui; caçar, caces, caci; enaiguar, enaigües, enaigüi; obliquar, obliqües, obliqüi.)**

També, els verbs acabats en **ear, iar, oar,** i en els en **uar,** quan la **u** no segueix a vocal, **q** o **g,** les terminacions **i, is** i **in** fan **ï, ïs,** i **ïn.** (Exemples: **menysprear, menyspreï; can-**

viar, canviï; lloar, lloï; evacuar, evacuï.) En aquests verbs, en les persones 1, 2, 3 i 6 del present de l'indicatiu, del present del subjuntiu i de l'imperatiu, l'accent cau sempre sobre la **i** o la **u.** (Exemples: **enviar, enviï; actuar, actuï.**)

Finalment, en els verbs acabats en **iar,** la **i** del radical és suprimida davant **ï, ïs** i **ïn.** (Exemples: **voleiar, voleï; enjoiar, enjoï.**)

Els verbs acabats en **er** i **re** pertanyen a la **segona conjugació,** així com també els verbs **dir** i **dur.** Podem prendre el verb **témer** com model, però davant el petit nombre de verbs que segueixen exactament aquella conjugació, donem, en els quadres que figuren en aquest llibre, tots els altres casos amb llurs variants.

Els verbs acabats en **ir** pertanyen a la **tercera conjugació,** llevat **dir.** Però quan les terminacions es presenten en **air, eir, oir** i **uir,** algunes cal escriure-les amb **ï** i no amb **i.** (Exemples: **traduir, traduïu,** etc.)

El lector trobarà aquestes variants en els quadres de les conjugacions que segueixen. Els números que acompanyen els verbs, en l'índex, indiquen còmodament la pàgina on es troba la conjugació corresponent.

Hem seguit, per a la confecció d'aquest llibre, les quatre obres fonamentals de Pompeu Fabra: **Diccionari Ortogràfic** (Institut d'Estudis Catalans), **Diccionari General de la Llengua Catalana** (A. López Llausàs, editor), **La conjugació dels verbs en català** (Editorial Barcino) i **Gramàtica catalana** (Editorial Teide).

J. B. X.

ÍNDEX DELS QUADRES de les Conjugacions

QUADRES
DE LES
CONJUGACIONS

INDICATIU

Present
absolc
absols
absol
absolem
absoleu
absolen

Pretèrit indefinit
he absolt
has ”
ha ”
havem (o hem) ”
haveu (o heu) ”
han ”

Pretèrit imperfet
absolia
absolies
absolia
absolíem
absolíeu
absolien

Pret. plusquamperfet
havia absolt
havies ”
havia ”
havíem ”
havíeu ”
havien ”

Pretèrit perfet
absolguí
absolgueres
absolgué
absolguérem
absolguéreu
absolgueren

I també:
vaig absoldre, etc.

Pretèrit anterior
haguí (o vaig haver) absolt
hagueres (o vas haver) ”
hagué (o va haver) ”
haguérem (o vam haver) ”
haguéreu (o vau haver) ”
hagueren (o van haver) ”

Futur simple
absoldré
absoldràs
absoldrà
absoldrem
absoldreu
absoldran

Futur compost
hauré absolt
hauràs ”
haurà ”
haurem ”
haureu ”
hauran ”

CONDICIONAL

Simple	*Compost*
absoldria	hauria (o haguera) absolt
absoldries	hauries (o hagueres) "
absoldria	hauria (o haguera) "
absoldríem	hauríem (o haguérem) "
absoldríeu	hauríeu (o haguéreu) "
absoldrien	haurien (o hagueren) "

SUBJUNTIU

Present	*Pretèrit perfet*
absolgui	hagi absolt
absolguis	hagis "
absolgui	hagi "
absolguem	hàgim "
absolgueu	hàgiu "
absolguin	hagin "

Pretèrit imperfet	*Pret. plusquamperfet*
absolgués	hagués absolt
absolguessis	haguessis "
absolgués	hagués "
absolguéssim	haguéssim "
absolguéssiu	haguéssiu "
absolguessin	haguessin "

IMPERATIU

absol
absolgui
absolguem
absoleu
absolguin

INFINITIU

Present: absoldre
Passat: haver absolt

GERUNDI

Present: absolent
Passat: havent absolt

PARTICIPI

absolt, absolta
absolts, absoltes

INDICATIU

Present
admeto
admets
admet
admetem
admeteu
admeten

Pretèrit indefinit
he admès
has ”
ha ”
havem (o hem) ”
haveu (o heu) ”
han ”

Pretèrit imperfet
admetia
admeties
admetia
admetíem
admetíeu
admetien

Pret. plusquamperfet
havia admès
havies ”
havia ”
havíem ”
havíeu ”
havien ”

Pretèrit perfet
admetí
admeteres
admeté
admetérem
admetéreu
admeteren

I també:
vaig admetre, etc.

Pretèrit anterior
haguí (o vaig haver) admès
hagueres (o vas haver) ”
hagué (o va haver) ”
haguérem (o vam haver) ”
haguéreu (o vau haver) ”
hagueren (o van haver) ”

Futur simple
admetré
admetràs
admetrà
admetrem
admetreu
admetran

Futur compost
hauré admès
hauràs ”
haurà “
haurem ”
haureu ”
hauran ”

CONDICIONAL

Simple	*Compost*	
admetria	hauria (o haguera)	admès
admetries	hauries (o hagueres)	”
admetria	hauria (o haguera)	”
admetríem	hauríem (o haguérem)	”
admetríeu	hauríeu (o haguéreu)	”
admetrien	haurien (o hagueren)	”

SUBJUNTIU

Present	*Pretèrit perfet*	
admeti	hagi	admès
admetis	hagis	”
admeti	hagi	”
admetem	hàgim	”
admeteu	hàgiu	”
admetin	hagin	”

Pretèrit imperfet	*Pret. plusquamperfet*	
admetés	hagués	admès
admetessis	haguessis	”
admetés	hagués	”
admetéssim	haguéssim	”
admetéssiu	haguéssiu	”
admetessin	haguessin	”

IMPERATIU

admet
admeti
admetem
admeteu
admetin

INFINITIU

Present: admetre
Passat: haver admès

GERUNDI

Present: admetent
Passat: havent admès

PARTICIPI

admès, admesa
admesos, admeses

INDICATIU

Present	*Pretèrit indefinit*	
ajupo	he	ajupit
ajups	has	”
ajup	ha	”
ajupim	havem (o hem)	”
ajupiu	haveu (o heu)	”
ajupen	han	”

Pretèrit imperfet	*Pret. plusquamperfet*	
ajupia	havia	ajupit
ajupies	havies	”
ajupia	havia	”
ajupíem	havíem	”
ajupíeu	havíeu	”
ajupien	havien	”

Pretèrit perfet	*Pretèrit anterior*	
ajupí	haguí (o vaig haver)	ajupit
ajupires	hagueres (o vas haver)	”
ajupí	hagué (o va haver)	”
ajupírem	haguérem (o vam haver)	”
ajupíreu	haguéreu (o vau haver)	”
ajupiren	hagueren (o van haver)	”

I també:
vaig ajupir, etc.

Futur simple	*Futur compost*	
ajupiré	hauré	ajupit
ajupiràs	hauràs	”
ajupirà	haurà	”
ajupirem	haurem	”
ajupireu	haureu	”
ajupiran	hauran	”

CONDICIONAL

Simple	*Compost*
ajupiria	hauria (o haguera) ajupit
ajupiries	hauries (o hagueres) ”
ajupiria	hauria (o haguera) ”
ajupiríem	hauríem (o haguérem) ”
ajupiríeu	hauríeu (o haguéreu) ”
ajupirien	haurien (o hagueren) ”

SUBJUNTIU

Present	*Pretèrit perfet*
ajupi	hagi ajupit
ajupis	hagis ”
ajupi	hagi ”
ajupim	hàgim ”
ajupiu	hàgiu ”
ajupin	hagin ”

Pretèrit imperfet	*Pret. plusquamperfet*
ajupís	hagués ajupit
ajupissis	haguessis ”
ajupís	hagués ”
ajupíssim	haguéssim ”
ajupíssiu	haguéssiu ”
ajupissin	haguessin ”

IMPERATIU

ajup
ajupi
ajupim
ajupiu
ajupin

INFINITIU

Present: ajupir
Passat: haver ajupit

GERUNDI

Present: ajupint
Passat: havent ajupit

PARTICIPI

ajupit, ajupida
ajupits, ajupides

INDICATIU

Present	*Pretèrit indefinit*	
vaig	he	anat
vas	has	”
va	ha	”
anem	havem (o hem)	”
aneu	haveu (o heu)	”
van	han	”

Pretèrit imperfet	*Pret. plusquamperfet*	
anava	havia	anat
anaves	havies	”
anava	havia	”
anàvem	havíem	”
anàveu	havíeu	”
anaven	havien	”

Pretèrit perfet	*Pretèrit anterior*	
aní	haguí (o vaig haver)	anat
anares	hagueres (o vas haver)	”
anà	hagué (o va haver)	”
anàrem	haguérem (o vam haver)	”
anàreu	haguéreu (o vau haver)	”
anaren	hagueren (o van haver)	”

I també:
vaig anar, etc.

Futur simple	*Futur compost*	
aniré (o iré, etc.)	hauré	anat
aniràs	hauràs	”
anirà	haurà	”
anirem	haurem	”
anireu	haureu	”
aniran	hauran	”

CONDICIONAL

Simple	*Compost*
aniria (o iria, etc.)	hauria (o haguera) anat
aniries	hauries (o hagueres) "
aniria	hauria (o haguera) "
aniríem	hauríem (o haguérem) "
aniríeu	hauríeu (o haguéreu) "
anirien	haurien (o hagueren) "

SUBJUNTIU

Present	*Pretèrit perfet*
vagi	hagi anat
vagis	hagis "
vagi	hagi "
anem	hàgim "
aneu	hàgiu "
vagin	hagin "

Pretèrit imperfet	*Pret. plusquamperfet*
anés	hagués anat
anessis	haguessis "
anés	hagués "
anéssim	haguéssim "
anéssiu	haguéssiu "
anessin	haguessin "

IMPERATIU

vés
vagi
anem
aneu
vagin

INFINITIU

Present: anar
Passat: haver anat

GERUNDI

Present: anant
Passat: havent anat

PARTICIPI

anat, anada
anats, anades

INDICATIU

Present	Pretèrit indefinit
aparec	he aparegut
apareixes	has ”
apareix	ha ”
apareixem	havem (o hem) ”
apareixeu	haveu (o heu) ”
apareixen	han ”

Pretèrit imperfet	Pret. plusquamperfet
apareixia	havia aparegut
apareixies	havies ”
apareixia	havia ”
apareixíem	havíem ”
apareixíeu	havíeu ”
apareixien	havien ”

Pretèrit perfet	Pretèrit anterior
aparegui	haguí (o vaig haver) aparegut
aparegueres	hagueres (o vas haver) ”
aparegué	hagué (o va haver) ”
apareguérem	haguérem (o vam haver) ”
apareguéreu	haguéreu (o vau haver) ”
aparegueren	hagueren (o van haver) ”

I també:
vaig aparèixer, etc.

Futur simple	Futur compost
apareixeré	hauré aparegut
apareixeràs	hauràs ”
apareixerà	haurà ”
apareixerem	haurem ”
apareixereu	haureu ”
apareixeran	hauran ”

CONDICIONAL

Simple	*Compost*
apareixeria	hauria (o haguera) aparegut
apareixeries	hauries (o hagueres) "
apareixeria	hauria (o haguera) "
apareixeríem	hauríem (o haguérem) "
apareixeríeu	hauríeu (o haguéreu) "
apareixerien	haurien (o hagueren) "

SUBJUNTIU

Present	*Pretèrit perfet*
aparegui	hagi aparegut
apareguis	hagis "
aparegui	hagi "
apareguem	hàgim "
aparegueu	hàgiu "
apareguin	hagin "

Pretèrit imperfet	*Pret. plusquamperfet*
aparegués	hagués aparegut
apareguessis	haguessis "
aparegués	hagués "
apareguéssim	haguéssim "
apareguéssiu	haguéssiu "
apareguessin	haguessin "

IMPERATIU

apareix
aparegui
apareguem
apareixeu
apareguin

INFINITIU

Present: aparèixer
Passat: haver aparegut

GERUNDI

Present: apareixent
Passat: havent aparegut

PARTICIPI

aparegut, apareguda
apareguts, aparegudes

24 APRENDRE (o apendre)

INDICATIU

Present
aprenc
aprens
aprèn
aprenem
apreneu
aprenen

Pretèrit indefinit
he après
has ”
ha ”
havem (o hem) ”
haveu (o heu) ”
han ”

Pretèrit imperfet
aprenia
aprenies
aprenia
apreníem
apreníeu
aprenien

Pret. plusquamperfet
havia après
havies ”
havia ”
havíem ”
havíeu ”
havien ”

Pretèrit perfet
aprenguí
aprengueres
aprengué
aprenguérem
aprenguéreu
aprengueren
I també:
vaig aprendre, etc.

Pretèrit anterior
haguí (o vaig haver) après
hagueres (o vas haver) ”
hagué (o va haver) ”
haguérem (o vam haver) ”
haguéreu (o vau haver) ”
hagueren (o van haver) ”

Futur simple
aprendré (o apendré, etc.)
aprendràs
aprendrà
aprendrem
aprendreu
aprendran

Futur compost
hauré après
hauràs ”
haurà ”
haurem ”
haureu ”
hauran ”

CONDICIONAL

Simple	*Compost*
aprendria (o apendria, etc)	hauria (o haguera) après
aprendries	hauries (o hagueres) "
aprendria	hauria (o haguera) "
aprendríem	hauríem (o haguérem) "
aprendríeu	hauríeu (o haguéreu) "
aprendrien	haurien (o hagueren) "

SUBJUNTIU

Present	*Pretèrit perfet*
aprengui	hagi après
aprenguis	hagis "
aprengui	hagi "
aprenguem	hàgim "
aprengueu	hàgiu "
aprenguin	hagin "

Pretèrit imperfet	*Pret.plusquamperfet*
aprengués	hagués après
aprenguessis	haguessis "
aprengués	hagués "
aprenguéssim	haguéssim "
aprenguéssiu	haguéssiu "
aprenguessin	haguessin "

IMPERATIU

aprèn
aprengui
aprenguem
apreneu
aprenguin

INFINITIU

Present: aprendre (o apendre)
Passat: haver après

GERUNDI

Present: aprenent
Passat: havent après

PARTICIPI

après, apresa
apresos, apreses

INDICATIU

Present
atenc
atens
atén
atenem
ateneu
atenen

Pretèrit indefinit
he atès
has ”
ha ”
havem (o hem) ”
haveu (o heu) ”
han ”

Pretèrit imperfet
atenia
atenies
atenia
ateníem
ateníeu
atenien

Pret. plusquamperfet
havia atès
havies ”
havia ”
havíem ”
havíeu ”
havien ”

Pretèrit perfet
atenguí
atengueres
atengué
atenguérem
atenguéreu
atengueren
I també:
vaig atendre, etc.

Pretèrit anterior
haguí (o vaig haver) atès
hagueres (o vas haver) ”
hagué (o va haver) ”
haguérem (o vam haver) ”
haguéreu (o vau haver) ”
hagueren (o van haver) ”

Futur simple
atendré
atendràs
atendrà
atendrem
atendreu
atendran

Futur compost
hauré atès
hauràs ”
haurà ”
haurem ”
haureu ”
hauran ”

CONDICIONAL

Simple	*Compost*	
atendria	hauria (o haguera)	atès
atendries	hauries (o hagueres)	”
atendria	hauria (o haguera)	”
atendríem	hauríem (o haguérem)	”
atendríeu	hauríeu (o haguéreu)	”
atendrien	haurien (o hagueren)	”

SUBJUNTIU

Present	*Pretèrit perfet*	
atengui	hagi	atès
atenguis	hagis	”
atengui	hagi	”
atenguem	hàgim	”
atengueu	hàgiu	”
atenguin	hagin	”

Pretèrit imperfet	*Pret. plusquamperfet*	
atengués	hagués	atès
atenguessis	haguessis	”
atengués	hagués	”
atenguéssim	haguéssim	”
atenguéssiu	haguéssiu	”
atenguessin	haguessin	”

IMPERATIU

atén
atengui
atenguem
ateneu
atenguin

INFINITIU

Present: atendre
Passat: haver atès

GERUNDI

Present: atenent
Passat: havent atès

PARTICIPI

atès, atesa
atesos, ateses

INDICATIU

Present	*Pretèrit indefinit*
atenyo	he atès
atenys	has "
ateny	ha "
atenyem	havem (o hem) "
atenyeu	haveu (o heu) "
atenyen	han "

Pretèrit imperfet	*Pret. plusquamperfet*
atenyia	havia atès
atenyies	havies "
atenyia	havia "
atenyíem	havíem "
atenyíeu	havíeu "
atenyien	havien "

Pretèrit perfet	*Pretèrit anterior*
atenyí	haguí (o vaig haver) atès
atenyeres	hagueres (o vas haver) "
atenyé	hagué (o va haver) "
atenyérem	haguérem (o vam haver) "
atenyéreu	haguéreu (o vau haver) "
atenyeren	hagueren (o van haver) "

I també:
vaig atènyer, etc.

Futur simple	*Futur compost*
atenyeré	hauré atès
atenyeràs	hauràs "
atenyerà	haurà "
atenyerem	haurem "
atenyereu	haureu "
atenyeran	hauran "

CONDICIONAL

Simple	*Compost*
atenyeria	hauria (o haguera) atès
atenyeries	hauries (o hagueres) "
atenyeria	hauria (o haguera) "
atenyeríem	hauríem (o haguérem) "
atenyeríeu	hauríeu (o haguéreu) "
atenyerien	haurien (o hagueren) "

SUBJUNTIU

Present	*Pretèrit perfet*
atenyi	hagi atès
atenyis	hagis "
atenyi	hagi "
atenyem	hàgim "
atenyeu	hàgiu "
atenyin	hagin "

Pretèrit imperfet	*Pret. plusquamperfet*
atenyés	hagués atès
atenyessis	haguessis "
atenyés	hagués "
atenyéssim	haguéssim "
atenyéssiu	haguéssiu "
atenyessin	haguessin "

IMPERATIU

ateny
atenyi
atenyem
atenyeu
atenyin

INFINITIU

Present: atènyer
Passat: haver atès

GERUNDI

Present: atenyent
Passat: havent atès

PARTICIPI

atès, atesa
atesos, ateses

INDICATIU

Present
bato
bats
bat
batem
bateu
baten

Pretèrit indefinit

he	batut
has	“
ha	”
havem (o hem)	”
haveu (o heu)	”
han	”

Pretèrit imperfet
batia
baties
batia
batíem
batíeu
batien

Pret. plusquamperfet

havia	batut
havies	”
havia	”
havíem	”
havíeu	”
havien	”

Pretèrit perfet
batí
bateres
baté
batérem
batéreu
bateren

I també:
vaig batre, etc.

Pretèrit anterior

haguí (o vaig haver)	batut
hagueres (o vas haver)	”
hagué (o va haver)	”
haguérem (o vam haver)	”
haguéreu (o vau haver)	”
hagueren (o van haver)	”

Futur simple
batré
batràs
batrà
batrem
batreu
batran

Futur compost

hauré	batut
hauràs	”
haurà	”
haurem	”
haureu	”
hauran	”

CONDICIONAL

Simple	*Compost*
batria	hauria (o haguera) batut
batries	hauries (o hagueres) ”
batria	hauria (o haguera) ”
batríem	hauríem (o haguérem) ”
batríeu	hauríeu (o haguéreu) ”
batrien	haurien (o hagueren) ”

SUBJUNTIU

Present	*Pretèrit perfet*
bati	hagi batut
batis	hagis ”
bati	hagi ”
batem	hàgim ”
bateu	hàgiu ”
batin	hagin ”

Pretèrit imperfet	*Pret. plusquamperfet*
batés	hagués batut
batessis	haguessis ”
batés	hagués ”
batéssim	haguéssim ”
batéssiu	haguéssiu ”
batessin	haguessin ”

IMPERATIU

bat
bati
batem
bateu
batin

INFINITIU

Present: batre
Passat: haver batut

GERUNDI

Present: batent
Passat: havent batut

PARTICIPI

batut, batuda
batuts, batudes

INDICATIU

Present
bec
beus
beu
bevem
beveu
beuen

Pretèrit indefinit
he begut
has ”
ha ”
havem (o hem) ”
haveu (o heu) ”
han ”

Pretèrit imperfet
bevia
bevies
bevia
bevíem
bevíeu
bevien

Pret. plusquamperfet
havia begut
havies ”
havia ”
havíem ”
havíeu ”
havien ”

Pretèrit perfet
beguí
begueres
begué
beguérem
beguéreu
begueren
I també:
vaig beure, etc.

Pretèrit anterior
haguí (o vaig haver) begut
hagueres (o vas haver) ”
hagué (o va haver) ”
haguérem (o vam haver) ”
haguéreu (o vau haver) ”
hagueren (o van haver) ”

Futur simple
beuré
beuràs
beurà
beurem
beureu
beuran

Futur compost
hauré begut
hauràs ”
haurà ”
haurem ”
haureu ”
hauran ”

CONDICIONAL

Simple	*Compost*
beuria	hauria (o haguera) begut
beuries	hauries (o hagueres) ”
beuria	hauria (o haguera) ”
beuríem	hauríem (o haguérem) ”
beuríeu	hauríeu (o haguéreu) ”
beurien	haurien (o hagueren) ”

SUBJUNTIU

Present	*Pretèrit perfet*
begui	hagi begut
beguis	hagis ”
begui	hagi ”
beguem	hàgim ”
begueu	hàgiu ”
beguin	hagin ”

Pretèrit imperfet	*Pret. plusquamperfet*
begués	hagués begut
beguessis	haguessis ”
begués	hagués ”
beguéssim	haguéssim ”
beguéssiu	haguéssiu ”
beguessin	haguessin ”

IMPERATIU

beu
begui
beguem
beveu
beguin

INFINITIU

Present: beure
Passat: haver begut

GERUNDI

Present: bevent
Passat: havent begut

PARTICIPI

begut, beguda
beguts, begudes

INDICATIU

Present	*Pretèrit indefinit*
bullo	he bullit
bulls	has "
bull	ha "
bullim	havem (o hem) "
bulliu	haveu (o heu) "
bullen	han "

Pretèrit imperfet	*Pret. plusquamperfet*
bullia	havia bullit
bullies	havies "
bullia	havia "
bullíem	havíem "
bullíeu	havíeu "
bullien	havien "

Pretèrit perfet	*Pretèrit anterior*
bullí	haguí (o vaig haver) bullit
bullires	hagueres (o vas haver) "
bullí	hagué (o va haver) "
bullírem	haguérem(o vam haver) "
bullíreu	haguéreu (o vau haver) "
bulliren	hagueren (o van haver) "
I també:	
vaig bullir, etc.	

Futur simple	*Futur compost*
bulliré	hauré bullit
bulliràs	hauràs "
bullirà	haurà "
bullirem	haurem "
bullireu	haureu "
bulliran	hauran "

CONDICIONAL

Simple	*Compost*	
bulliria	hauria (o haguera)	bullit
bulliries	hauries (o hagueres)	”
bulliria	hauria (o haguera)	”
bulliríem	hauríem (o haguérem)	”
bulliríeu	hauríeu (o haguéreu)	”
bullirien	haurien (o hagueren)	”

SUBJUNTIU

Present	*Pretèrit perfet*	
bulli	hagi	bullit
bullis	hagis	”
bulli	hagi	”
bullim	hàgim	“
bulliu	hàgiu	”
bullin	hagin	”

Pretèrit imperfet	*Pret. plusquamperfet*	
bullís	hagués	bullit
bullissis	haguessis	”
bullís	hagués	”
bullíssim	haguéssim	”
bullíssiu	haguéssiu	”
bullissin	haguessin	”

IMPERATIU

bull
bulli
bullim
bulliu
bullin

INFINITIU

Present: bullir
Passat: haver bullit

GERUNDI

Present: bullint
Passat: havent bullit

PARTICIPI

bullit, bullida
bullits, bullides

INDICATIU

Present	*Pretèrit indefinit*	
cabo	he	cabut
caps	has	”
cap	ha	”
cabem	havem (o hem)	”
cabeu	haveu (o heu)	”
caben	han	”

Pretèrit imperfet	*Pret. plusquamperfet*	
cabia	havia	cabut
cabies	havies	”
cabia	havia	”
cabíem	havíem	“
cabíeu	havíeu	”
cabien	havien	

Pretèrit perfet	*Pretèrit anterior*	
cabí	haguí (o vaig haver)	cabut
caberes	hagueres (o vas haver)	”
cabé	hagué (o va haver)	”
cabérem	haguérem (o vam haver)	”
cabéreu	haguéreu (o vau haver)	”
caberen	hagueren (o van haver)	”

I també:
vaig cabre, etc.

Futur simple	*Futur compost*	
cabré	hauré	cabut
cabràs	hauràs	”
cabrà	haurà	”
cabrem	haurem	”
cabreu	haureu	”
cabran	hauran	”

CONDICIONAL

Simple	*Compost*
cabria	hauria (o haguera) cabut
cabries	hauries (o hagueres) ”
cabria	hauria (o haguera) ”
cabríem	hauríem (o haguérem) ”
cabríeu	hauríeu (o haguéreu) ”
cabrien	haurien (o hagueren) ”

SUBJUNTIU

Present	*Pretèrit perfet*
càpiga	hagi cabut
càpigues	hagis ”
càpiga	hagi ”
capiguem	hàgim ”
capigueu	hàgiu ”
càpiguen	hagin ”

Pretèrit imperfet	*Pret. plusquamperfet*
cabés	hagués cabut
cabessis	haguessis ”
cabés	hagués ”
cabéssim	haguéssim ”
cabéssiu	haguéssiu ”
cabessin	haguessin ”

IMPERATIU

cap
càpiga
capiguem
cabeu
càpiguen

INFINITIU

Present: cabre (o caber)
Passat: haver cabut

GERUNDI

Present: cabent
Passat: havent cabut

PARTICIPI

cabut, cabuda
cabuts, cabudes

INDICATIU

Present	*Pretèrit indefinit*
—	—
—	—
cal	ha calgut
—	—
—	—
calen	han calgut
Pretèrit imperfet	*Pret. plusquamperfet*
—	—
—	—
calia	havia calgut
—	—
—	—
calien	havien calgut
Pretèrit perfet	*Pretèrit anterior*
—	—
—	—
calgué	hagué (o va haver) calgut
—	—
—	—
calgueren	hagueren (o van haver) calgut
I també:	
va caldre, van caldre	
Futur simple	*Futur compost*
—	—
—	—
caldrà	haurà calgut
—	—
	—
caldran	hauran calgut

CONDICIONAL

Simple	*Compost*
—	—
—	—
caldria	hauria (o haguera) calgut
—	—
—	—
caldrien	haurien (o hagueren) calgut

SUBJUNTIU

Present	*Pretèrit perfet*
—	—
—	—
calgui	hagi calgut
—	—
—	—
calguin	hagin calgut

Pretèrit imperfet	*Pret. plusquamperfet*
—	—
—	—
calgués	hagués calgut
—	—
—	—
calguessin	haguessin calgut

IMPERATIU

—
—
—
—
—

GERUNDI

Present: calent
Passat: havent calgut

PARTICIPI

calgut, calguda
calguts, calgudes

INFINITIU

Present: caldre (o caler)
Passat: haver calgut

40 CANTAR*

INDICATIU

Present	*Pretèrit indefinit*
cant**o**	he cant**at**
cant**es**	has ”
cant**a**	ha ”
cant**em**	havem (o hem) ”
cant**eu**	haveu (o heu) ”
cant**en**	han ”

Pretèrit imperfet	*Pret. plusquamperfet*
cant**ava**	havia cant**at**
cant**aves**	havies ”
cant**ava**	havia ”
cant**àvem**	havíem ”
cant**àveu**	havíeu ”
cant**aven**	havien ”

Pretèrit perfet	*Pretèrit anterior*
cant**í**	haguí (o vaig haver) cant**at**
cant**ares**	hagueres (o vas haver) ”
cant**à**	hagué (o va haver) ”
cant**àrem**	haguérem (o vam haver) ”
cant**àreu**	haguéreu (o vau haver) ”
cant**aren**	hagueren (o van haver) ”

I també:
vaig cant**ar**, etc.

Futur simple	*Futur compost*
cant**aré**	hauré cant**at**
cant**aràs**	hauràs ”
cant**arà**	haurà ”
cant**arem**	haurem ”
cant**areu**	haureu ”
cant**aran**	hauran ”

*Aquest verb model porta la desinència assenyalada amb negreta.

CONDICIONAL

Simple	*Compost*
cant**aria**	hauria (o haguera) cant**at**
cant**aries**	hauries (o hagueres) ”
cant**aria**	hauria (o haguera) ”
cant**aríem**	hauríem (o haguérem) ”
cant**aríeu**	hauríeu (o haguéreu) ”
cant**arien**	haurien (o hagueren) ”

SUBJUNTIU

Present	*Pretèrit perfet*
cant**i**	hagi cant**at**
cant**is**	hagis ”
cant**i**	hagi ”
cant**em**	hàgim ”
cant**eu**	hàgiu ”
cant**in**	hagin ”
Pretèrit imperfet	*Pret. plusquamperfet*
cant**és**	hagués cant**at**
cant**essis**	haguessis ”
cant**és**	hagués ”
cant**éssim**	haguéssim ”
cant**éssiu**	haguéssiu ”
cant**essin**	haguessin ”

IMPERATIU

cant**a**
cant**i**
cant**em**
cant**eu**
cant**in**

GERUNDI

Present: cant**ant**
Passat: havent cant**at**

INFINITIU

Present: cant**ar**
Passat: haver cant**at**

PARTICIPI

cant**at**, cant**ada**
cant**ats**, cant**ades**

*Aquest verb model porta la desinència assenyalada amb negreta

INDICATIU

Present	*Pretèrit indefinit*	
canvio	he	canviat
canvies	has	"
canvia	ha	"
canviem	havem (o hem)	"
canvieu	haveu (o heu)	"
canvien	han	"

Pretèrit imperfet	*Pret. plusquamperfet*	
canviava	havia	canviat
canviaves	havies	"
canviava	havia	"
canviàvem	havíem	"
canviàveu	havíeu	"
canviaven	havien	"

Pretèrit perfet	*Pretèrit anterior*	
canvií	haguí (o vaig haver)	canviat
canviares	hagueres (o vas haver)	"
canvià	hagué (o va haver)	"
canviàrem	haguérem (o vam haver)	"
canviàreu	haguéreu (o vau haver)	"
canviaren	hagueren (o van haver	"

I també:
vaig canviar, etc.

Futur simple	*Futur compost*	
canviaré	hauré	canviat
canviaràs	hauràs	"
canviarà	haurà	"
canviarem	haurem	"
canviareu	haureu	"
canviaran	hauran	"

CONDICIONAL

Simple	*Compost*
canviaria	hauria (o haguera) canviat
canviaries	hauries (o hagueres) "
canviaria	hauria (o haguera) "
canviaríem	hauríem (o haguérem) "
canviaríeu	hauríeu (o haguéreu) "
canviarien	haurien (o hagueren) "

SUBJUNTIU

Present	*Pretèrit perfet*
canviï	hagi canviat
canviïs	hagis "
canviï	hagi "
canviem	hàgim "
canvieu	hàgiu "
canviïn	hagin "

Pretèrit imperfet	*Pret. plusquamperfet*
canviés	hagués canviat
canviessis	haguessis "
canviés	hagués "
canviéssim	haguéssim "
canviéssiu	haguéssiu "
canviessin	haguessin "

IMPERATIU

canvia
canviï
canviem
canvieu
canviïn

INFINITIU

Present: canviar
Passat: haver canviat

GERUNDI

Present: canviant

Passat: havent canviat

PARTICIPI

canviat canviada,
canviats, canviades

INDICATIU

Present
carvenc
carvens
carvèn
carvenem
carveneu
carvenen

Pretèrit indefinit
he carvenut
has ”
ha ”
havem (o hem) ”
haveu (o heu) ”
han ”

Pretèrit imperfet
carvenia
carvenies
carvenia
carveníem
carveníeu
carvenien

Pret. plusquamperfet
havia carvenut
havies ”
havia ”
havíem ”
havíeu ”
havien ”

Pretèrit perfet
carvenguí
carvengueres
carvengué
carvenguérem
carvenguéreu
carvengueren
I també:
vaig carvendre, etc.

Pretèrit anterior
haguí (o vaig haver) carvenut
hagueres (o vas haver) ”
hagué (o va haver) ”
haguérem (o vam haver) ”
haguéreu (o vau haver) ”
hagueren (o van haver) ”

Futur simple
carvendré
carvendràs
carvendrà
carvendrem
carvendreu
carvendran

Futur compost
hauré carvenut
hauràs ”
haurà ”
haurem ”
haureu ”
hauran ”

CONDICIONAL

Simple
carvendria
carvendries
carvendria
carvendríem
carvendríeu
carvendrien

Compost
hauria (o haguera) carvenut
hauries (o hagueres) ”
hauria (o haguera) ”
hauríem (o haguérem) ”
hauríeu (o haguéreu) ”
haurien (o hagueren) ”

SUBJUNTIU

Present
carvengui
carvenguis
carvengui
carvenguem
carvengueu
carvenguin

Pretèrit perfet
hagi carvenut
hagis ”
hagi ”
hàgim ”
hàgiu ”
hagin ”

Pretèrit imperfet
carvengués
carvenguessis
carvengués
carvenguéssim
carvenguéssiu
carvenguessin

Pret. plusquamperfet
hagués carvenut
haguessis ”
hagués ”
haguéssim ”
haguéssiu ”
haguessin ”

IMPERATIU

carvèn
carvengui
carvenguem
carveneu
carvenguin

INFINITIU

Present: carvendre
Passat: haver carvenut

GERUNDI

Present: carvenent
Passat: havent carvenut

PARTICIPI

carvenut, carvenuda
carvenuts, carvenudes

INDICATIU

Present	*Pretèrit indefinit*	
caic	he	caigut
caus	has	”
cau	ha	”
caiem	havem (o hem)	”
caieu	haveu (o heu)	”
cauen	han	”

Pretèrit imperfet	*Pret. plusquamperfet*	
queia	havia	caigut
queies	havies	”
queia	havia	”
quèiem	havíem	”
quèieu	havíeu	”
queien	havien	”

Pretèrit perfet	*Pretèrit anterior*	
caiguí	haguí (o vaig haver)	caigut
caigueres	hagueres (o vas haver)	”
caigué	hagué (o va haver)	”
caiguérem	haguérem (o vam haver)	”
caiguéreu	haguéreu (o vau haver)	”
caigueren	hagueren (o van haver)	”

I també:
vaig caure, etc.

Futur simple	*Futur compost*	
cauré	hauré	caigut
cauràs	hauràs	”
caurà	haurà	”
caurem	haurem	”
caureu	haureu	”
cauran	hauran	”

CONDICIONAL

Simple	*Compost*	
cauria	hauria (o haguera)	caigut
cauries	hauries (o hagueres)	”
cauria	hauria (o haguera)	”
cauríem	hauríem (o haguérem)	”
cauríeu	hauríeu (o haguéreu)	”
caurien	haurien (o hagueren)	”

SUBJUNTIU

Present	*Pretèrit perfet*	
caigui	hagi	caigut
caiguis	hagis	”
caigui	hagi	”
caiguem	hàgim	”
caigueu	hàgiu	”
caiguin	hagin	”

Pretèrit imperfet	*Pret. plusquamperfet*	
caigués	hagués	caigut
caiguessis	haguessis	”
caigués	hagués	”
caiguéssim	haguéssim	”
caiguéssiu	haguéssiu	”
caiguessin	haguessin	”

IMPERATIU

cau
caigui
caiguem
caieu
caiguin

INFINITIU

Present: caure
Passat: haver caigut

GERUNDI

Present: caient
Passat: havent caigut

PARTICIPI

caigut, caiguda
caiguts, caigudes

INDICATIU

Present	*Pret. indefinit*	
cloc	he	clos
clous	has	”
clou	ha	”
cloem	havem (o hem)	”
cloeu	haveu (o heu)	”
clouen	han	”

Pretèrit imperfet	*Pret. plusquamperfet*	
cloïa	havia	clos
cloïes	havies	”
cloïa	havia	”
cloíem	havíem	”
cloíeu	havíeu	”
cloïen	havien	”

Pretèrit perfet	*Pretèrit anterior*	
cloguí	haguí (o vaig haver)	clos
clogueres	hagueres (o vas haver)	”
clogué	hagué (o va haver)	”
cloguérem	haguérem (o vam haver)	”
cloguéreu	haguéreu (o vau haver)	”
clogueren	hagueren (o van haver)	”

I també:
vaig cloure, etc.

Futur simple	*Futur compost*	
clouré	hauré	clos
clouràs	hauràs	”
clourà	haurà	”
clourem	haurem	”
cloureu	haureu	”
clouran	hauran	”

CONDICIONAL

Simple	*Compost*	
clouria	hauria (o haguera)	clos
clouries	hauries (o hagueres)	”
clouria	hauria (o haguera)	”
clouríem	hauríem (o haguérem)	”
clouríeu	hauríeu (o haguéreu)	”
clourien	haurien (o hagueren)	”

SUBJUNTIU

Present	*Pretèrit perfet*	
clogui	hagi	clos
cloguis	hagis	”
clogui	hagi	”
cloguem	hàgim	”
clogueu	hàgiu	”
cloguin	hagin	”

Pretèrit imperfet	*Pret. plusquamperfet*	
clogués	hagués	clos
cloguessis	haguessis	”
clogués	hagués	”
cloguéssim	haguéssim	”
cloguéssiu	haguéssiu	”
cloguessin	haguessin	”

IMPERATIU

clou
clogui
cloguem
cloeu
cloguin

INFINITIU

Present: cloure
Passat: haver clos

GERUNDI

Present: cloent
Passat: havent clos

PARTICIPI

clos, closa
closos, closes

INDICATIU

Present
cobreixo
cobreixes
cobreix
cobrim
cobriu
cobreixen

Pretèrit indefinit
he cobert
has ”
ha ”
havem (o hem) ”
haveu (o heu) ”
han ”

Pretèrit imperfet
cobria
cobries
cobria
cobríem
cobríeu
cobrien

Pret. plusquamperfet
havia cobert
havies ”
havia ”
havíem ”
havíeu ”
havien ”

Pretèrit perfet
cobrí
cobrires
cobrí
cobrírem
cobríreu
cobriren

I també:
vaig cobrir, etc.

Pretèrit anterior
haguí (o vaig haver) cobert
hagueres (o vas haver) ”
hagué (o va haver) ”
haguérem (o vam haver) ”
haguéreu (o vau haver) ”
hagueren (o van haver) ”

Futur simple
cobriré
cobriràs
cobrirà
cobrirem
cobrireu
cobriran

Futur compost
hauré cobert
hauràs ”
haurà ”
haurem ”
haureu ”
hauran ”

CONDICIONAL

Simple	*Compost*
cobriria	hauria (o haguera) cobert
cobriries	hauries (o hagueres) ”
cobriria	hauria (o haguera) ”
cobriríem	hauríem (o haguérem) ”
cobriríeu	hauríeu (o haguéreu) ”
cobririen	haurien (o hagueren) ”

SUBJUNTIU

Present	*Pretèrit perfet*
cobreixi	hagi cobert
cobreixis	hagis ”
cobreixi	hagi ”
cobrim	hàgim ”
cobriu	hàgiu ”
cobreixin	hagin ”

Pretèrit imperfet	*Pret. plusquamperfet*
cobrís	hagués cobert
cobrissis	haguessis ”
cobrís	hagués ”
cobríssim	haguéssim ”
cobríssiu	haguéssiu ”
cobrissin	haguessin ”

IMPERATIU

cobreix
cobreixi
cobrim
cobriu
cobreixin

GERUNDI

Present: cobrint
Passat: havent cobert

INFINITIU

Present: cobrir
Passat: haver cobert

PARTICIPI

cobert, coberta
coberts, cobertes

52 COLLIR

INDICATIU

Present	*Pretèrit indefinit*	
cullo	he	collit
culls	has	”
cull	ha	”
collim	havem (o hem)	”
colliu	haveu (o heu)	”
cullen	han	”

Pretèrit imperfet	*Pret. plusquamperfet*	
collia	havia	collit
collies	havies	”
collia	havia	”
collíem	havíem	”
collíeu	havíeu	”
collien	havien	”

Pretèrit perfet	*Pretèrit anterior*	
collí	haguí (o vaig haver)	collit
collires	hagueres (o vas haver)	”
collí	hagué (o va haver)	”
collírem	haguérem (o vam haver)	”
collíreu	haguéreu (o vau haver)	”
colliren	hagueren (o van haver)	”

I també:
vaig collir, etc.

Futur simple	*Futur compost*	
colliré	hauré	collit
colliràs	hauràs	”
collirà	haurà	”
collirem	haurem	”
collireu	haureu	”
colliran	hauran	”

CONDICIONAL

Simple	*Compost*	
colliria	hauria (o haguera)	collit
colliries	hauries (o hagueres)	”
colliria	hauria (o haguera)	”
colliríem	hauríem (o haguérem)	”
colliríeu	hauríeu (o haguéreu)	”
collirien	haurien (o hagueren)	”

SUBJUNTIU

Present	*Pretèrit perfet*	
culli	hagi	collit
cullis	hagis	”
culli	hagi	”
collim	hàgim	”
colliu	hàgiu	”
cullin	hagin	”

Pretèrit imperfet	*Pret. plusquamperfet*	
collís	hagués	collit
collissis	haguessis	”
collís	hagués	”
collíssim	haguéssim	”
collíssiu	haguéssiu	”
collissin	haguessin	”

IMPERATIU

cull
culli
collim
colliu
cullin

INFINITIU

Present: collir
Passat: haver collit

GERUNDI

Present; collint
Passat: havent collit

PARTICIPI

collit, collida
collits, collides

INDICATIU

Present
començo
comences
comença
comencem
comenceu
comencen

Pretèrit indefinit
he començat
has ”
ha ”
havem (o hem) ”
haveu (o heu) ”
han ”

Pretèrit imperfet
començava
començaves
començava
començàvem
començàveu
començaven

Pretèrit plusquamperfet
havia començat
havies ”
havia ”
havíem ”
havíeu ”
havien ”

Pretèrit perfet
comencí
començares
començà
començàrem
començàreu
començaren
I també:
vaig començar, etc.

Pretèrit anterior
haguí (o vaig haver) començat
hagueres (o vas haver) ”
hagué (o va haver) ”
haguérem (o vam haver) ”
haguéreu (o vau haver) ”
hagueren (o van haver) ”

Futur simple
començaré
començaràs
començarà
començarem
començareu
començaran

Futur compost
hauré començat
hauràs ”
haurà ”
haurem ”
haureu ”
hauran ”

CONDICIONAL

Simple
començaria
començaries
començaria
començaríem
començaríeu
començarien

Compost
hauria (o haguera) començat
hauries (o hagueres) ”
hauria (o haguera) ”
hauríem (o haguérem) ”
hauríeu (o haguéreu) ”
haurien (o hagueren) ”

SUBJUNTIU

Present
comenci
comencis
comenci
comencem
comenceu
comencin

Pretèrit imperfet
comencés
comencessis
comencés
comencéssim
comencéssiu
comencessin

Pretèrit perfet
hagi començat
hagis ”
hagi ”
hàgim ”
hàgiu ”
hagin ”

Pret. plusquamperfet
hagués començat
haguessis ”
hagués ”
haguéssim ”
haguéssiu ”
haguessin ”

IMPERATIU

comença
comenci
comencem
comenceu
comencin

INFINITIU

Present: començar
Passat: haver començat

GERUNDI

Present: començant
Passat: havent començat

PARTICIPI

començat, començada,
començats, començades

INDICATIU

Present	*Pretèrit indefinit*
complac	he complagut
complaus	has "
complau	ha "
complaem	havem (o hem) "
complaeu	haveu (o heu) "
complauen	han "

Pretèrit imperfet	*Pret. plusquamperfet*
complaïa	havia complagut
complaïes	havies "
complaïa	havia "
complaíem	havíem "
complaíeu	havíeu "
complaïen	havien "

Pretèrit perfet	*Pretèrit anterior*
complaguí	haguí (o vaig haver) complagut
complagueres	hagueres (o vas haver) "
complagué	hagué (o va haver) "
complaguérem	haguérem (o vam haver) "
complaguéreu	haguéreu (o vau haver) "
complagueren	hagueren (o van haver) "

I també:
vaig complaure, etc.

Futur simple	*Futur compost*
complauré	hauré complagut
complauràs	hauràs "
complaurà	haurà "
complaurem	haurem "
complaureu	haureu "
complauran	hauran "

CONDICIONAL

Simple	*Compost*
complauria	hauria (o haguera) complagut
complauries	hauries (o hagueres) ”
complauria	hauria (o haguera) ”
complauríem	hauríem (o haguérem) ”
complauríeu	hauríeu (o haguéreu) ”
complaurien	haurien (o hagueren) ”

SUBJUNTIU

Present	*Pretèrit perfet*
complagui	hagi complagut
complaguis	hagis ”
complagui	hagi ”
complaguem	hàgim ”
complagueu	hàgiu ”
complaguin	hagin ”

Pretèrit imperfet	*Pret. plusquamperfet*
complagués	hagués complagut
complaguessis	haguessis ”
complagués	hagués ”
complaguéssim	haguéssim ”
complaguéssiu	haguéssiu ”
complaguessin	haguessin ”

IMPERATIU

complau
complagui
complaguem
complaeu
complaguin

INFINITIU

Present: complaure
Passat: haver complagut

GERUNDI

Present: complaent
Passat: havent complagut

PARTICIPI

complagut, complaguda
complaguts, complagudes

INDICATIU

Present	Pretèrit indefinit	
compleixo	he	complert
compleixes	has	”
compleix	ha	”
complim	havem (o hem)	”
compliu	haveu (o heu)	”
compleixen	han	”

Pretèrit imperfet	Pret. plusquamperfet	
complia	havia	complert
complies	havies	”
complia	havia	”
compliem	havíem	”
complíeu	havíeu	”
complien	havien	”

Pretèrit perfet	Pretèrit anterior	
complí	haguí (o vaig haver)	complert
complires	hagueres (o vas haver)	”
complí	hagué (o va haver)	”
complírem	haguérem (o vam haver)	”
complíreu	haguéreu (o vau haver)	”
compliren	hagueren (o van haver)	”

I també:
vaig complir, etc.

Futur simple	Futur compost	
compliré	hauré	complert
compliràs	hauràs	”
complirà	haurà	”
complirem	haurem	”
complireu	haureu	”
compliran	hauran	”

CONDICIONAL

Simple	*Compost*
compliria	hauria (o haguera) complert
compliries	hauries (o hagueres) ”
compliria	hauria (o haguera) ”
compliríem	hauríem (o haguérem) ”
compliríeu	hauríeu (o haguéreu) ”
complirien	haurien (o hagueren) ”

SUBJUNTIU

Present	*Pretèrit perfet*
compleixi	hagi complert
compleixis	hagis ”
compleixi	hagi ”
complim	hàgim ”
compliu	hàgiu ”
compleixin	hagin ”

Pretèrit imperfet	*Pret. plusquamperfet*
complís	hagués complert
complissis	haguessis ”
complís	hagués ”
complíssim	haguéssim ”
complíssiu	haguéssiu ”
complissin	haguessin ”

IMPERATIU

compleix
compleixi
complim
compliu
compleixin

INFINITIU

Present: complir
Passat: haver complert

GERUNDI

Present: complint
Passat: havent complert

PARTICIPI

complert, complerta
complerts, complertes
(o complit, complida
complits, complides)

INDICATIU

Present
componc
compons
compon
componem
componeu
componen

Pretèrit indefinit
he compost
has "
ha "
havem (o hem) "
haveu (o heu) "
han "

Pretèrit imperfet
componia
componies
componia
componíem
componíeu
componien

Pret. plusquamperfet
havia compost
havies "
havia "
havíem "
havíeu "
havien "

Pretèrit perfet
compongui
compongueres
compongué
componguérem
componguéreu
compongueren
I també:
vaig compondre, etc.

Pretèrit anterior
haguí (o vaig haver) compost
hagueres (o vas haver) "
hagué (o va haver) "
haguérem (o vam haver) "
haguéreu (o vau haver) "
hagueren (o van haver) "

Futur simple
compondré
compondràs
compondrà
compondrem
compondreu
compondran

Futur compost
hauré compost
hauràs "
haurà "
haurem "
haureu "
hauran "

CONDICIONAL

Simple	*Compost*
compondria	hauria (o haguera) compost
compondries	hauries (o hagueres) ”
compondria	hauria (o haguera) ”
compondríem	hauríem (o haguérem) ”
compondríeu	hauríeu (o haguéreu) ”
compondrien	haurien(o hagueren) ”

SUBJUNTIU

Present	*Pretèrit perfet*
compongui	hagi compost
componguis	hagis ”
compongui	hagi ”
componguem	hàgim ”
compongueu	hàgiu ”
componguin	hagin ”

Pretèrit imperfet	*Pret. plusquamperfet*
compongués	hagués compost
componguessis	haguessis ”
compongués	hagués ”
componguéssim	haguéssim ”
componguéssiu	haguéssiu ”
componguessin	haguessin ”

IMPERATIU

compon
compongui
componguem
componeu
componguin

INFINITIU

Present: compondre
Passat: haver compost

GERUNDI

Present: component
Passat: havent compost

PARTICIPI

compost, composta
composts o compostos
compostes

INDICATIU

Present	*Pretèrit indefinit*
conec	he conegut
coneixes	has ”
coneix	ha ”
coneixem	havem (o hem) ”
coneixeu	haveu (o heu) ”
coneixen	han ”

Pretèrit imperfet	*Pret. plusquamperfet*
coneixia	havia conegut
coneixies	havies ”
coneixia	havia ”
coneixíem	havíem ”
coneixíeu	havíeu ”
coneixien	havien ”

Pretèrit perfet	*Pretèrit anterior*
coneguí	haguí (o vaig haver) conegut
conegueres	hagueres (o vas haver) ”
conegué	hagué (o va haver) ”
coneguérem	haguérem (o vam haver) ”
coneguéreu	haguéreu (o vau haver) ”
conegueren	hagueren (o van haver) ”

I també:
vaig conèixer, etc.

Futur simple	*Futur compost*
coneixeré	hauré conegut
coneixeràs	hauràs ”
coneixerà	haurà ”
coneixerem	haurem ”
coneixereu	haureu ”
coneixeran	hauran ”

CONDICIONAL

Simple	*Compost*
coneixeria	hauria (o haguera) conegut
coneixeries	hauries (o hagueres) ”
coneixeria	hauria (o haguera) ”
coneixeríem	hauríem (o haguérem) ”
coneixeríeu	hauríeu (o haguéreu) ”
coneixerien	haurien (o hagueren) ”

SUBJUNTIU

Present	*Pretèrit perfet*
conegui	hagi conegut
coneguis	hagis ”
conegui	hagi ”
coneguem	hàgim ”
conegueu	hàgiu ”
coneguin	hagin ”

Pretèrit imperfet	*Pret. plusquamperfet*
conegués	hagués conegut
coneguessis	haguessis ”
conegués	hagués ”
coneguéssim	haguéssim ”
coneguéssiu	haguéssiu ”
coneguessin	haguessin ”

IMPERATIU

coneix
conegui
coneguem
coneixeu
coneguin

INFINITIU

Present: conèixer
Passat: haver conegut

GERUNDI

Present: coneixent
Passat: havent conegut

PARTICIPI

conegut, coneguda
coneguts, conegudes

INDICATIU

Present	*Pretèrit indefinit*	
confonc	he	confós
confons	has	"
confon	ha	"
confonem	havem (o hem)	"
confoneu	haveu (o heu)	"
confonen	han	"

Pretèrit imperfet	*Pret. plusquamperfet*	
confonia	havia	confós
confonies	havies	"
confonia	havia	"
confoníem	havíem	"
confoníeu	havíeu	"
confonien	havien	"

Pretèrit perfet	*Pretèrit anterior*	
confonguí	haguí (o vaig haver)	confós
confongueres	hagueres (o vas haver)	"
confongué	hagué (o va haver)	"
confonguérem	haguérem (o vam haver)	"
confonguéreu	haguéreu (o vau haver)	"
confongueren	hagueren (o van haver)	"

I també:
vaig confondre, etc.

Futur simple	*Futur compost*	
confondré	hauré	confós
confondràs	hauràs	"
confondrà	haurà	"
confondrem	haurem	"
confondreu	haureu	"
confondran	hauran	"

CONDICIONAL

Simple	*Compost*
confondria	hauria (o haguera) confós
confondries	hauries (o hagueres) ”
confondria	hauria (o haguera) ”
confondríem	hauríem (o haguérem) ”
confondríeu	hauríeu (o haguéreu) ”
confondrien	haurien (o hagueren) ”

SUBJUNTIU

Present	*Pretèrit perfet*
confongui	hagi confós
confonguis	hagis ”
confongui	hagi ”
confonguem	hàgim ”
confongueu	hàgiu ”
confonguin	hagin ”

Pretèrit imperfet	*Pret. plusquamperfet*
confongués	hagués confós
confonguessis	haguessis ”
confongués	hagués ”
confonguéssim	haguéssim ”
confonguéssiu	haguéssiu ”
confonguessin	haguessin ”

IMPERATIU

confon
confongui
confonguem
confoneu
confonguin

INFINITIU

Present: confondre
Passat: haver confós

GERUNDI

Present: confonent
Passat: havent confós

PARTICIPI

confós, confosa
confosos, confoses

INDICATIU

Present
constrenyo
constrenys
constreny
constrenyem
constrenyeu
constrenyen

Pretèrit indefinit
he constret
has ”
ha ”
havem (o hem) ”
haveu (o heu ”
han ”

Pretèrit imperfet
constrenyia
constrenyies
constrenyia
constrenyíem
constrenyíeu
constrenyien

Pret. plusquamperfet
havia constret
havies ”
havia ”
havíem ”
havíeu ”
havien ”

Pretèrit perfet
constrenyí
constrenyeres
constrenyé
constrenyérem
constrenyéreu
constrenyeren

I també:
vaig constrènyer, etc.

Pretèrit anterior
haguí (o vaig haver) constret
hagueres (o vas haver) ”
hagué (o va haver) ”
haguérem (o vam haver) ”
haguéreu (o vau haver) ”
hagueren (o van haver) ”

Futur simple
constrenyeré
constrenyeràs
constrenyerà
constrenyerem
constrenyereu
constrenyeran

Futur compost
hauré constret
hauràs ”
haurà ”
haurem ”
haureu ”
hauran ”

CONDICIONAL

Simple	*Compost*
constrenyeria	hauria (o haguera) constret
constrenyeries	hauries (o hagueres) "
constrenyeria	hauria (o haguera) "
constrenyeríem	hauríem (o haguérem) "
constrenyeríeu	hauríeu (o haguéreu) "
constrenyerien	haurien (o hagueren) "

SUBJUNTIU

Present	*Pretèrit perfet*
constrenyi	hagi constret
constrenyis	hagis "
constrenyi	hagi "
constrenyem	hàgim "
constrenyeu	hàgiu "
constrenyin	hagin "

Pretèrit imperfet	*Pret. plusquamperfet*
constrenyés	hagués constret
constrenyessis	haguessis "
constrenyés	hagués "
constrenyéssim	haguéssim "
constrenyéssiu	haguéssiu "
constrenyessin	haguessin "

IMPERATIU

constreny
constrenyi
constrenyem
constrenyeu
constrenyin

INFINITIU

Present: constrènyer
Passat: haver constret

GERUNDI

Present: constrenyent
Passat: havent constret

PARTICIPI

constret, constreta
constrets, constretes

INDICATIU

Present	*Pretèrit indefinit*
corro	he corregut
corres	has ”
corre	ha ”
correm	havem (o hem) ”
correu	haveu (o heu) ”
corren	han ”

Pretèrit imperfet	*Pret. plusquamperfet*
corria	havia corregut
corries	havies ”
corria	havia ”
corríem	havíem ”
corríeu	havíeu ”
corrien	havien ”

Pretèrit perfet	*Pretèrit anterior*
correguí	haguí (o vaig haver) corregut
corregueres	hagueres (o vas haver) ”
corregué	hagué (o va haver) ”
correguérem	haguérem (o vam haver) ”
correguéreu	haguéreu (o vau haver) ”
corregueren	hagueren (o van haver) ”

I també:
vaig córrer, etc.

Futur simple	*Futur compost*
correré	hauré corregut
correràs	hauràs ”
correrà	haurà ”
correrem	haurem ”
correreu	haureu ”
correran	hauran ”

CONDICIONAL

Simple	*Compost*
correria	hauria (o haguera) corregut
correries	hauries (o hagueres) ”
correria	hauria (o haguera) ”
correríem	hauríem (o haguérem) ”
correríeu	hauríeu (o haguéreu) ”
correrien	haurien (o hagueren) ”

SUBJUNTIU

Present	*Pretèrit perfet*
corri	hagi corregut
corris	hagis ”
corri	hagi ”
correguem (o correm)	hàgim ”
corregueu (o correu)	hàgiu ”
corrin	hagin ”

Pretèrit imperfet	*Pret. plusquamperfet*
corregués	hagués corregut
correguessis	haguessis ”
corregués	hagués ”
correguéssim	haguéssim ”
correguéssiu	haguéssiu ”
correguessin	haguessin ”

IMPERATIU

corre
corri
correguem (o correm)
correu
corrin

GERUNDI

Present: corrent
Passat: havent corregut

PARTICIPI

corregut, correguda
correguts, corregudes

INFINITIU

Present: córrer
Passat: haver corregut

INDICATIU

Present	*Pretèrit indefinit*	
cuso	he	cosit
cuses	has	”
cus	ha	”
cosim	havem (o hem)	”
cosiu	haveu (o heu)	”
cusen	han	”

Pretèrit imperfet	*Pret. plusquamperfet*	
cosia	havia	cosit
cosies	havies	”
cosia	havia	”
cosíem	havíem	”
cosíeu	havíeu	”
cosien	havien	”

Pretèrit perfet	*Pretèrit anterior*	
cosí	haguí (o vaig haver)	cosit
cosires	hagueres (o vas haver)	”
cosí	hagué (o va haver)	”
cosírem	haguérem (o vam haver)	”
cosíreu	haguéreu (o vau haver)	”
cosiren	hagueren (o van haver)	”

I també:
vaig cosir, etc.

Futur simple	*Futur compost*	
cosiré	hauré	cosit
cosiràs	hauràs	”
cosirà	haurà	”
cosirem	haurem	”
cosireu	haureu	”
cosiran	hauran	”

CONDICIONAL

Simple	*Compost*
cosiria	hauria (o haguera) cosit
cosiries	hauries (o hagueres) "
cosiria	hauria (o haguera) "
cosiríem	hauríem (o haguerem) "
cosiríeu	hauríeu (o haguéreu) "
cosirien	haurien (o hagueren) "

SUBJUNTIU

Present	*Pretèrit perfet*
cusi	hagi cosit
cusis	hagis "
cusi	hagi "
cosim	hàgim "
cosiu	hàgiu "
cusin	hagin "

Pretèrit imperfet	*Pret. plusquamperfet*
cosís	hagués cosit
cosissis	haguessis "
cosís	hagués "
cosíssim	haguéssim "
cosíssiu	haguéssiu "
cosissin	haguessin "

IMPERATIU

cus
cusi
cosim
cosiu
cusin

INFINITIU

Present: cosir
Passat: haver cosit

GERUNDI

Present: cosint
Passat: havent cosit

PARTICIPI

cosit, cosida
cosits, cosides

INDICATIU

Present	*Pretèrit indefinit*
coc	he cuit
cous	has "
cou	ha "
coem	havem (o hem) "
coeu	haveu (o heu) "
couen	han "

Pretèrit imperfet	*Pret. plusquamperfet*
coïa	havia cuit
coïes	havies "
coïa	havia "
coíem	havíem "
coíeu	havíeu "
coïen	havien "

Pretèrit perfet	*Pretèrit anterior*
coguí	haguí (o vaig haver) cuit
cogueres	hagueres (o vas haver) "
cogué	hagué (o va haver) "
coguérem	haguérem (o vam haver) "
coguéreu	haguéreu (o vau haver) "
cogueren	hagueren (o van haver) "

I també:
vaig coure, etc.

Futur simple	*Futur compost*
couré	hauré cuit
couràs	hauràs "
courà	haurà "
courem	haurem "
coureu	haureu "
couran	hauran "

CONDICIONAL

Simple	*Compost*
couria	hauria (o haguera) cuit
couries	hauries (o hagueres) "
couria	hauria (o haguera) "
couríem	hauríem (o haguérem) "
couríeu	hauríeu (o haguéreu) "
courien	haurien (o hagueren) "

SUBJUNTIU

Present	*Pretèrit perfet*
cogui	hagi cuit
coguis	hagis "
cogui	hagi "
coguem	hàgim "
cogueu	hàgiu "
coguin	hagin "

Pretèrit imperfet	*Pret.plusquamperfet*
cogués	hagués cuit
coguessis	haguessis "
cogués	hagués "
coguéssim	haguéssim "
coguéssiu	haguéssiu "
coguessin	haguessin "

IMPERATIU

cou
cogui
coguem
coeu
coguin

INFINITIU

Present: coure
Passat: haver cuit

GERUNDI

Present: coent
Passat: havent cuit

PARTICIPI

cuit, cuita
cuits, cuites
(o cogut, coguda
coguts, cogudes)

INDICATIU

Present	*Pretèrit indefinit*
creixo	he crescut
creixes	has ”
creix	ha ”
creixem	havem (o hem) ”
creixeu	haveu (o heu) ”
creixen	han ”

Pretèrit imperfet	*Pret. plusquamperfet*
creixia	havia crescut
creixies	havies ”
creixia	havia ”
creixíem	havíem ”
creixíeu	havíeu ”
creixien	havien ”

Pretèrit perfet	*Pretèrit anterior*
creixí (o cresquí, etc)	haguí (o vaig haver) crescut
creixeres	hagueres (o vas haver) ”
creixé	hagué (o va haver) ”
creixérem	haguérem (o vam haver) ”
creixéreu	haguéreu (o vau haver) ”
creixeren	hagueren (o van haver) ”

I també:
vaig créixer, etc.

Futur simple	*Futur compost*
creixeré	hauré crescut
creixeràs	hauràs ”
creixerà	haurà ”
creixerem	haurem ”
creixereu	haureu ”
creixeran	hauran ”

CONDICIONAL

Simple	*Compost*
creixeria	hauria (o haguera) crescut
creixeries	hauries (o hagueres) "
creixeria	hauria (o haguera) "
creixeríem	hauríem (o haguérem) "
creixeríeu	hauríeu (o haguéreu) "
creixerien	haurien (o hagueren) "

SUBJUNTIU

Present	*Pretèrit perfet*
creixi	hagi crescut
creixis	hagis "
creixi	hagi "
creixem (o cresquem)	hàgim "
creixeu (o cresqueu)	hàgiu "
creixin	hagin "

Pretèrit imperfet	*Pret. plusquamperfet*
creixés (o cresqués)	hagués crescut
creixessis (o cresquessis)	haguessis "
creixés (o cresqués)	hagués "
creixéssim (o cresquéssim)	haguéssim "
creixéssiu (o cresquéssiu)	haguéssiu "
creixessin (o cresquessin)	haguessin "

IMPERATIU

creix
creixi
creixem (o cresquem)
creixeu
creixin

INFINITIU

Present: créixer
Passat: haver crescut

GERUNDI

Present: creixent
Passat: havent crescut

PARTICIPI

crescut, crescuda
crescuts, crescudes

INDICATIU

Present
crec
creus
creu
creiem
creieu
creuen

Pretèrit indefinit
he cregut
has "
ha "
havem (o hem) "
haveu (o heu) "
han "

Pretèrit imperfet
creia
creies
creia
crèiem
crèieu
creien

Pret. plusquamperfet
havia cregut
havies "
havia "
havíem "
havíeu "
havien "

Pretèrit perfet
creguí
cregueres
cregué
creguérem
creguéreu
cregueren

I també:
vaig creure, etc.

Pretèrit anterior
haguí (o vaig haver) cregut
hagueres (o vas haver) "
hagué (o va haver) "
haguérem (o vam haver) "
haguéreu (o vau haver) "
hagueren (o van haver) "

Futur simple
creuré
creuràs
creurà
creurem
creureu
creuran

Futur compost
hauré cregut
hauràs "
haurà "
haurem "
haureu "
hauran "

CONDICIONAL

Simple	*Compost*	
creuria	hauria (o haguera)	cregut
creuries	hauries (o hagueres)	”
creuria	hauria (o haguera)	”
creuríem	hauríem (o haguérem)	”
creuríeu	hauríeu (o haguéreu)	”
creurien	haurien (o hagueren)	”

SUBJUNTIU

Present	*Pretèrit perfet*	
cregui	hagi	cregut
creguis	hagis	”
cregui	hagi	”
creguem	hàgim	”
cregueu	hàgiu	”
creguin	hagin	”

Pretèrit imperfet	*Pret. plusquamperfet*	
cregués	hagués	cregut
creguessis	hagessis	”
cregués	hagués	”
creguéssim	haguéssim	”
creguéssiu	haguéssiu	”
creguessin	haguessin	”

IMPERATIU

creu
cregui
creguem
creieu
creguin

GERUNDI

Present: creient
Passat: havent cregut

INFINITIU

Present: creure
Passat: haver cregut

PARTICIPI

cregut, creguda
creguts, cregudes

INDICATIU

Present
cruixo
cruixes
cruix
cruixim
cruixiu
cruixen

Pretèrit indefinit
he cruixit
has ”
ha ”
havem (o hem) ”
haveu (o heu) ”
han ”

Pretèrit imperfet
cruixia
cruixies
cruixia
cruixíem
cruixíeu
cruixien

Pret. plusquamperfet
havia cruixit
havies ”
havia ”
havíem ”
havíeu ”
havien ”

Pretèrit perfet
cruixí
cruixires
cruixí
cruixírem
cruixíreu
cruixiren
I també:
vaig cruixir, etc.

Pretèrit anterior
haguí (o vaig haver) cruixit
hagueres (o vas haver) ”
hagué (o va haver) ”
haguérem (o vam haver) ”
haguéreu (o vau haver) ”
hagueren (o van haver) ”

Futur simple
cruixiré
cruixiràs
cruixirà
cruixirem
cruixireu
cruixiran

Futur compost
hauré cruixit
hauràs ”
haurà ”
haurem ”
haureu ”
hauran ”

CONDICIONAL

Simple	*Compost*
cruixiria	hauria (o haguera) cruixit
cruixiries	hauries (o hagueres) "
cruixiria	hauria (o haguera) "
cruixiríem	hauríem (o haguérem) "
cruixiríeu	hauríeu (o haguéreu) "
cruixirien	haurien (o hagueren) "

SUBJUNTIU

Present	*Pretèrit perfet*
cruixi	hagi cruixit
cruixis	hagis "
cruixi	hagi "
cruixim	hàgim "
cruixiu	hàgiu "
cruixin	hagin "

Pretèrit imperfet	*Pret. plusquamperfet*
cruixís	hagués cruixit
cruixissis	haguessis "
cruixís	hagués "
cruixíssim	haguéssim "
cruixíssiu	haguéssiu "
cruixissin	haguessin "

IMPERATIU

cruix
cruixi
cruixim
cruixiu
cruixin

INFINITIU

Present: cruixir
Passat: haver cruixit

GERUNDI

Present: cruixint
Passat: havent cruixit

PARTICIPI

cruixit, cruixida
cruixits, cruixides

INDICATIU

Present
depenc
depens
depèn
depenem
depeneu
depenen

Pretèrit indefinit
he depès
has "
ha "
havem (o hem) "
haveu (o heu) "
han "

Pretèrit imperfet
depenia
depenies
depenia
depeníem
depeníeu
depenien

Pret. plusquamperfet
havia depès
havies "
havia "
havíem "
havíeu "
havien "

Pretèrit perfet
depenguí
depengueres
depengué
depenguérem
depenguéreu
depengueren
I també:
vaig dependre, etc.

Pretèrit anterior
haguí (o vaig haver) depès
hagueres (o vas haver) "
hagué (o va haver) "
haguérem (o vam haver) "
haguéreu (o vau haver) "
hagueren (o van haver) "

Futur simple
dependré
dependràs
dependrà
dependrem
dependreu
dependran

Futur compost
hauré depès
hauràs "
haurà "
haurem "
haureu "
hauran "

CONDICIONAL

Simple	*Compost*
dependria	hauria (o haguera) depès
dependries	hauries (o hagueres) "
dependria	hauria (o haguera) "
dependríem	hauríem (o haguérem) "
dependríeu	hauríeu (o haguéreu) "
dependrien	haurien (o hagueren) "

SUBJUNTIU

Present	*Pretèrit perfet*
depengui	hagi depès
depenguis	hagis "
depengui	hagi "
depenguem	hàgim "
depengueu	hàgiu "
depenguin	hagin "

Pretèrit imperfet	*Pret. plusquamperfet*
depengués	hagués depès
depenguessis	haguessis "
depengués	hagués "
depenguéssim	haguéssim "
depenguéssiu	haguéssiu "
depenguessin	haguessin "

IMPERATIU

depèn
depengui
depenguem
depeneu
depenguin

INFINITIU

Present: dependre
Passat: haver depès

GERUNDI

Present: depenent
Passat: havent depès

PARTICIPI

depès, depesa
depesos, depeses

INDICATIU

Present	*Pretèrit indefinit*
descloc	he desclòs
desclous	has "
desclou	ha "
descloem	havem (o hem) "
descloeu	haveu (o heu) "
desclouen	han "

Pretèrit imperfet	*Pret. plusquamperfet*
descloïa	havia desclòs
descloïes	havies "
descloïa	havia "
descloíem	havíem "
descloíeu	havíeu "
descloïen	havien "

Pretèrit perfet	*Pretèrit anterior*
descloguí	haguí (o vaig haver) desclòs
desclogueres	hagueres (o vas haver) "
desclogué	hagué (o va haver) "
desclogúerem	haguérem (o vam haver) "
desclogúereu	haguéreu (o vau haver) "
desclogueren	hagueren (o van haver) "

I també:
vaig descloure, etc.

Futur simple	*Futur compost*
descloure	hauré desclòs
desclouràs	hauràs "
desclourà	haurà "
desclourem	haurem "
descloureu	haureu "
desclouran	hauran "

ONDICIONAL

Simple	*Compost*
desclouria	hauria (o haguera) desclòs
desclouries	hauries (o hagueres) ”
desclouria	hauria (o haguera) ”
desclouríem	hauríem (o haguérem) ”
desclouríeu	hauríeu (o haguéreu) ”
desclourien	haurien (o hagueren) ”

SUBJUNTIU

Present	*Pretèrit perfet*
desclogui	hagi desclòs
descloguis	hagis ”
desclogui	hagi ”
descloguem	hàgim ”
desclogueu	hàgiu ”
descloguin	hagin ”

Pretèrit imperfet	*Pret. plusquamperfet*
desclogués	hagués desclòs
descloguessis	haguessis ”
desclogués	hagués ”
descloguéssim	haguéssim ”
descloguéssiu	haguéssiu ”
descloguessin	haguessin ”

IMPERATIU

desclou
desclogui
descloguem
descloeu
descloguin

INFINITIU

Present: descloure
Passat: haver desclòs

GERUNDI

Present: descloent
Passat: havent desclòs

PARTICIPI

desclòs, desclosa
desclosos, descloses

INDICATIU

Present
descuso
descuses
descús
descosim
descosiu
descusen

Pretèrit indefinit
he descosit
has ”
ha ”
havem (o hem) ”
haveu (o heu) ”
han ”

Pretèrit imperfet
descosia
descosies
descosia
descosíem
descosíeu
descosien

Pret. plusquamperfet
havia descosit
havies ”
havia ”
havíem ”
havíeu ”
havien ”

Pretèrit perfet
descosí
descosires
descosí
descosírem
descosíreu
descosiren

I també:
vaig descosir, etc.

Pretèrit anterior
haguí (o vaig haver) descosit
hagueres (o vas haver) ”
hagué (o va haver) ”
haguérem (o vam haver) ”
haguéreu (o vau haver) ”
hagueren (o van haver) ”

Futur simple
descosiré
descosiràs
descosirà
descosirem
descosireu
descosiran

Futur compost
hauré descosit
hauràs ”
haurà ”
haurem ”
haureu ”
hauran ”

CONDICIONAL

Simple	*Compost*
descosiria	hauria (o haguera) descosit
descosiries	hauries (o hagueres) "
descosiria	hauria (o haguera) "
descosiríem	hauríem (o haguérem) "
descosiríeu	hauríeu (o haguéreu) "
descosirien	haurien (o hagueren) "

SUBJUNTIU

Present	*Pretèrit perfet*
descusi	hagi descosit
descusis	hagis "
descusi	hagi "
descosim	hàgim "
descosiu	hàgiu "
descusin	hagin "

Pretèrit imperfet	*Pret. plusquamperfet*
descosís	hagués descosit
descosissis	haguessis "
descosís	hagués "
descosíssim	haguéssim "
descosíssiu	haguéssiu "
descosissin	haguessin "

IMPERATIU

descús
descusi
descosim
descosiu
descusin

INFINITIU

Present: descosir
Passat: haver descosit

GERUNDI

Present: descosint
Passat: havent descosit

PARTICIPI

descosit, descosida
descosits, descosides

INDICATIU

Present	*Pretèrit indefinit*	
desfaig	he	desfet
desfàs	has	"
desfà	ha	"
desfem	havem (o hem)	"
desfeu	haveu (o heu)	"
desfan	han	"

Pretèrit imperfet	*Pret. plusquamperfet*	
desfeia	havia	desfet
desfeies	havies	"
desfeia	havia	"
desfèiem	havíem	"
desfèieu	havíeu	"
desfeien	havien	"

Pretèrit perfet	*Pretèrit anterior*	
desfiu	haguí (o vaig haver)	desfet
desferes	hagueres (o vas haver)	"
desféu	hagué (o va haver)	"
desférem	haguérem (o vam haver)	"
desféreu	haguéreu(o vau haver)	"
desferen	hagueren (o van haver)	"

I també:
vaig desfer, etc.

Futur simple	*Futur compost*	
desfaré	hauré	desfet
desfaràs	hauràs	"
desfarà	haurà	"
desfarem	haurem	"
desfareu	haureu	"
desfaran	hauran	"

CONDICIONAL

Simple	*Compost*	
desfaria	hauria (o haguera)	desfet
desfaries	hauries (o hagueres)	”
desfaria	hauria (o haguera)	”
desfaríem	hauríem (o haguérem)	”
desfaríeu	hauríeu (o haguéreu)	”
desfarien	haurien (o hagueren)	”

SUBJUNTIU

Present	*Pretèrit perfet*	
desfaci	hagi	desfet
desfacis	hagis	”
desfaci	hagi	”
desfem	hàgim	”
desfeu	hàgiu	”
desfacin	hagin	”

Pretèrit imperfet	*Pret. plusquamperfet*	
desfés	hagués	desfet
desfessis	haguessis	”
desfés	hagués	”
desféssim	haguéssim	”
desféssiu	haguéssiu	”
desfessin	haguessin	”

IMPERATIU

desfés
desfaci
desfem
desfeu
desfacin

INFINITIU

Present: desfer
Passat: haver desfet

GERUNDI

Present: desfent
Passat: havent desfet

PARTICIPI

desfet, desfeta
desfets, desfetes

INDICATIU

Present	*Pretèrit indefinit*	
dec	he	degut
deus	has	”
deu	ha	”
devem	havem (o hem)	”
deveu	haveu (o heu)	”
deuen	han	”

Pretèrit imperfet	*Pret. plusquamperfet*	
devia	havia	degut
devies	havies	“
devia	havia	”
devíem	havíem	“
devíeu	havíeu	”
devien	havien	”

Pretèrit perfet	*Pretèrit anterior*	
deguí	haguí (o vaig haver)	degut
degueres	hagueres (o vas haver)	“
degué	hagué (o va haver)	”
deguérem	haguérem (o vam haver)	”
deguéreu	haguéreu (o vau haver)	”
degueren	hagueren (o van haver)	”

I també
vaig deure, etc.

Futur simple	*Futur compost*	
deuré	hauré	degut
deuràs	hauràs	”
deurà	haurà	”
deurem	haurem	”
deureu	haureu	”
deuran	hauran	”

CONDICIONAL

Simple	*Compost*
deuria	hauria (o haguera) degut
deuries	hauries (o hagueres) ”
deuria	hauria (o haguera) ”
deuríem	hauríem (o haguérem) ”
deuríeu	hauríeu (o haguéreu) ”
deurien	haurien (o hagueren) ”

SUBJUNTIU

Present	*Pretèrit perfet*
degui	hagi degut
deguis	hagis ”
degui	hagi ”
deguem	hàgim ”
degueu	hàgiu ”
deguin	hagin ”

Pretèrit imperfet	*Pret. plusquamperfet*
degués	hagués degut
deguessis	haguessis ”
degués	hagués ”
deguéssim	haguéssim ”
deguéssiu	haguéssiu ”
deguessin	haguessin ”

IMPERATIU

deu
degui
deguem
deveu
deguin

INFINITIU

Present: deure
Passat: haver degut

GERUNDI

Present: devent
Passat: havent degut

PARTICIPI

degut, deguda
deguts, degudes

INDICATIU

Present	*Pretèrit indefinit*	
dic	he	dit
dius	has	”
diu	ha	”
diem	havem (o hem)	”
dieu	haveu (o heu)	”
diuen	han	”

Pretèrit imperfet	*Pret. plusquamperfet*	
deia	havia	dit
deies	havies	”
deia	havia	”
dèiem	havíem	”
dèieu	havíeu	”
deien	havien	”

Pretèrit perfet	*Pretèrit anterior*	
diguí	haguí (o vaig haver)	dit
digueres	hagueres (o vas haver)	”
digué	hagué (o va haver)	”
diguérem	haguérem (o vam haver)	”
diguéreu	haguéreu (o vau haver)	”
digueren	hagueren (o van haver)	”

I també:
vaig dir, etc.

Futur simple	*Futur compost*	
diré	hauré	dit
diràs	hauràs	”
dirà	haurà	”
direm	haurem	”
direu	haureu	”
diran	hauran	”

CONDICIONAL

Simple	*Compost*	
diria	hauria (o haguera)	dit
diries	hauries (o hagueres)	”
diria	hauria (o haguera)	”
diríem	hauríem (o haguérem)	”
diríeu	hauríeu (o haguéreu)	”
dirien	haurien (o hagueren)	”

SUBJUNTIU

Present	*Pretèrit perfet*	
digui	hagi	dit
diguis	hagis	”
digui	hagi	”
diguem	hàgim	”
digueu	hàgiu	”
diguin	hagin	”

Pretèrit imperfet	*Pret. plusquamperfet*	
digués	hagués	dit
diguessis	haguessis	”
digués	hagués	”
diguéssim	haguéssim	”
diguéssiu	haguéssiu	”
diguessin	haguessin	”

IMPERATIU

digues
digui
diguem
digueu
diguin

INFINITIU

Present: dir
Passat: haver dit

GERUNDI

Present: dient
Passat: havent dit

PARTICIPI

dit, dita
dits, dites

INDICATIU

Present	*Pretèrit indefinit*
dolc	he dolgut
dols	has ”
dol	ha ”
dolem	havem (o hem) ”
doleu	haveu (o heu) ”
dolen	han ”

Pretèrit imperfet	*Pret. plusquamperfet*
dolia	havia dolgut
dolies	havies ”
dolia	havia ”
dolíem	havíem ”
dolíeu	havíeu ”
dolien	havien ”

Pretèrit perfet	*Pretèrit anterior*
dolguí	haguí (o vaig haver) dolgut
dolgueres	hagueres (o vas haver) ”
dolgué	hagué (o va haver) ”
dolguérem	haguérem (o vam haver) ”
dolguéreu	haguéreu (o vau haver) ”
dolgueren	hagueren (o van haver) ”

I també:
vaig doldre, etc.

Futur simple	*Futur compost*
doldré	hauré dolgut
doldràs	hauràs “
doldrà	haurà ”
doldrem	haurem ”
doldreu	haureu ”
doldran	hauran ”

CONDICIONAL

Simple	*Compost*	
doldria	hauria (o haguera)	dolgut
doldries	hauries (o hagueres)	”
doldria	hauria (o haguera)	”
doldríem	hauríem (o haguérem)	”
doldríeu	hauríeu (o haguéreu)	”
doldrien	haurien (o hagueren)	”

SUBJUNTIU

Present	*Pretèrit perfet*	
dolgui	hagi	dolgut
dolguis	hagis	”
dolgui	hagi	”
dolguem	hàgim	”
dolgueu	hàgiu	”
dolguin	hagin	”

Pretèrit imperfet	*Pret. plusquamperfet*	
dolgués	hagués	dolgut
dolguessis	haguessis	”
dolgués	hagués	”
dolguéssim	haguéssim	”
dolguéssiu	haguéssiu	”
dolguessin	haguessin	”

IMPERATIU

dol
dolgui
dolguem
doleu
dolguin

INFINITIU

Present: doldre (o doler)
Passat: haver dolgut

GERUNDI

Present: dolent
Passat: havent dolgut

PARTICIPI

dolgut, dolguda
dolguts, dolgudes

INDICATIU

Present	*Pretèrit indefinit*	
dono	he	donat
dónes	has	”
dóna	ha	”
donem (dem)	havem (o hem)	”
doneu (deu)	haveu (o heu)	”
donen	han	”

Pretèrit imperfet	*Pret. plusquamperfet*	
donava (dava)	havia	donat
donaves (daves)	havies	”
donava (dava)	havia	”
donàvem (dàvem)	havíem	”
donàveu (dàveu)	havíeu	”
donaven (daven)	havien	”

Pretèrit perfet	*Pretèrit anterior*	
doní (di)	haguí (o vaig haver)	donat
donares (dares)	hagueres (o vas haver)	”
donà (da)	hagué (o va haver)	”
donàrem (dàrem)	haguérem (o vam haver)	”
donàreu (dàreu)	haguéreu (o vau haver)	”
donaren (daren)	hagueren (o van haver)	”

I també:
vaig donar (dar), etc.

Futur simple	*Futur compost*	
donaré (daré)	hauré	donat
donaràs (daràs)	hauràs	”
donarà (darà)	haurà	”
donarem (darem)	haurem	”
donareu (dareu)	haureu	”
donaran (daran)	hauran	”

CONDICIONAL

Simple	*Compost*	
donaria (daria)	hauria (o haguera)	donat
donaries (daries)	hauries (o hagueres)	”
donaria (daria)	hauria (o haguera)	”
donaríem (daríem)	hauríem (o haguérem)	”
donaríeu (daríeu)	hauríeu (o haguéreu)	”
donarien (darien)	haurien (o hagueren)	”

SUBJUNTIU

Present	*Pretèrit perfet*	
doni	hagi	donat
donis	hagis	”
doni	hagi	”
donem (dem)	hàgim	”
doneu (deu)	hàgiu	”
donin	hagin	”

Pretèrit imperfet	*Pret. plusquamperfet*	
donés (des)	hagués	donat
donessis (dessis)	haguessis	”
donés (des)	hagués	”
donéssim (déssim)	haguéssim	”
donéssiu (déssiu)	haguéssiu	”
donessin (dessin)	haguessin	”

IMPERATIU

dóna
doni
donem (dem)
doneu (deu)
donin

INFINITIU

Present: donar (dar)
Passat: haver donat

GERUNDI

Present: donant (dant)
Passat: havent donat

PARTICIPI

donat (dat), donada (dada)
donats (dats), donades (dades)

DORMIR*

INDICATIU

Present	*Pretèrit indefinit*
dorm**o**	he dorm**it**
dorm**s**	has "
dorm	ha "
dorm**im**	havem (o hem) "
dorm**iu**	haveu (o heu) "
dorm**en**	han "
Pretèrit imperfet	*Pret. plusquamperfet*
dorm**ia**	havia dorm**it**
dorm**ies**	havies "
dorm**ia**	havia "
dorm**íem**	havíem "
dorm**íeu**	havíeu "
dorm**ien**	havien "
Pretèrit perfet	*Pretèrit anterior*
dorm**í**	haguí (o vaig haver) dorm**it**
dorm**ires**	hagueres (o vas haver) "
dorm**í**	hagué (o va haver) "
dorm**írem**	haguérem (o vam haver) "
dorm**íreu**	haguéreu (o vau haver) "
dorm**iren**	hagueren (o van haver) "
I també:	
vaig dormir, etc.	
Futur simple	*Futur compost*
dorm**iré**	hauré dorm**it**
dorm**iràs**	hauràs "
dorm**irà**	haurà "
dorm**irem**	haurem "
dorm**ireu**	haureu "
dorm**iran**	hauran "

*Aquest verb model porta la desinència assenyalada amb negreta

CONDICIONAL

Simple
dormiria
dormiries
dormiria
dormiríem
dormiríeu
dormirien

Compost
hauria (o haguera) dormit
hauries (o hagueres) "
hauria (o haguera) "
hauríem (haguérem) "
hauríeu (o haguéreu) "
haurien (o hagueren) "

SUBJUNTIU

Present
dormi
dormis
dormi
dormim
dormiu
dormin

Pretèrit perfet
hagi dormit
hagis "
hagi "
hàgim "
hàgiu "
hagin "

Pretèrit imperfet
dormís
dormissis
dormís
dormíssim
dormíssiu
dormissin

Pret. plusquamperfet
hagués dormit
haguessis "
hagués "
haguéssim "
haguéssiu "
haguessin "

IMPERATIU

dorm
dormi
dormim
dormiu
dormin

INFINITIU

Present: dormir
Passat: haver dormit

GERUNDI

Present: dormint
Passat: havent dormit

PARTICIPI

dormit, dormida
dormits, dormides

INDICATIU

Present
duc
duus (o dus)
duu (o du)
duem
dueu
duen

Pretèrit indefinit
he dut
has ”
ha ”
havem (o hem) ”
haveu (o heu) ”
han ”

Pretèrit imperfet
duia
duies
duia
dúiem
dúieu
duien

Pret. plusquamperfet
havia dut
havies ”
havia ”
havíem ”
havíeu ”
havien ”

Pretèrit perfet
duguí
dugueres
dugué
duguérem
duguéreu
dugueren
I també:
vaig dur, etc.

Pretèrit anterior
haguí (o vaig haver) dut
hagueres (o vas haver) ”
hagué (o va haver) ”
haguérem (o vam haver) ”
haguéreu (o vau haver) ”
hagueren (o van haver) ”

Futur simple
duré
duràs
durà
durem
dureu
duran

Futur compost
hauré dut
hauràs ”
haurà ”
haurem ”
haureu ”
hauran ”

CONDICIONAL

Simple	*Compost*	
duria	hauria (o haguera)	dut
duries	hauries (o hagueres)	”
duria	hauria (o haguera)	”
duríem	hauríem (o haguérem)	”
duríeu	hauríeu (o haguéreu)	”
durien	haurien (o hagueren)	”

SUBJUNTIU

Present	*Pretèrit perfet*	
dugui	hagi	dut
duguis	hagis	”
dugui	hagi	”
duguem	hàgim	”
dugueu	hàgiu	”
duguin	hagin	”

Pretèrit imperfet	*Pret. plusquamperfet*	
dugués	hagués	dut
duguessis	haguessis	”
dugués	hagués	”
duguéssim	haguéssim	”
duguéssiu	haguéssiu	”
duguessin	haguessin	”

IMPERATIU

duu (o du)
dugui
duguem
dueu
duguin

INFINITIU

Present: dur
Passat: haver dut

GERUNDI

Present: duent
Passat: havent dut

PARTICIPI

dut, duta
duts, dutes

INDICATIU

Present	*Pretèrit indefinit*	
ixo	he	eixit
ixes	has	”
ix	ha	”
eixim	havem (o hem)	”
eixiu	haveu (o heu)	”
ixen	han	”

Pretèrit imperfet	*Pret. plusquamperfet*	
eixia	havia	eixit
eixies	havies	”
eixia	havia	”
eixíem	havíem	”
eixíeu	havíeu	”
eixien	havien	”

Pretèrit perfet	*Pretèrit anterior*	
eixí	haguí (o vaig haver)	eixit
eixires	hagueres (o vas haver)	”
eixí	hagué (o va haver)	”
eixírem	haguérem (o vam haver)	”
eixíreu	haguéreu (o vau haver)	”
eixiren	hagueren (o van haver)	”

I també:
vaig eixir, etc.

Futur simple	*Futur compost*	
eixiré	hauré	eixit
eixiràs	hauràs	”
eixirà	haurà	”
eixirem	haurem	”
eixireu	haureu	”
eixiran	hauran	”

CONDICIONAL

Simple	*Compost*
eixiria	hauria (o haguera) eixit
eixiries	hauries (o hagueres) ”
eixiria	hauria (o haguera) ”
eixiríem	hauríem (o haguérem) ”
eixiríeu	hauríeu (o haguéreu) ”
eixirien	haurien (o hagueren) ”

SUBJUNTIU

Present	*Pretèrit perfet*
ixi	hagi eixit
ixis	hagis ”
ixi	hagi ”
eixim	hàgim ”
eixiu	hàgiu ”
ixin	hagin ”

Pretèrit imperfet	*Pret. plusquamperfet*
eixís	hagués eixit
eixissis	haguessis ”
eixís	hagués ”
eixíssim	haguéssim ”
eixíssiu	haguéssiu ”
eixissin	haguessin ”

IMPERATIU

ix
ixi
eixim
eixiu
ixin

INFINITIU

Present: eixir
Passat: haver eixit

GERUNDI

Present: eixint
Passat: havent eixit

PARTICIPI

eixit, eixida
eixits, eixides

INDICATIU

Present	*Pretèrit indefinit*	
enaiguo	he	enaiguat
enaigües	has	”
enaigua	ha	”
enaigüem	havem (o hem)	”
enaigüeu	haveu (o heu)	”
enaigüen	han	”

Pretèrit imperfet	*Pret. plusquamperfet*	
enaiguava	havia	enaiguat
enaiguaves	havies	”
enaiguava	havia	”
enaiguàvem	havíem	”
enaiguàveu	havíeu	”
enaiguaven	havien	”

Pretèrit perfet	*Pretèrit anterior*	
enaigüí	haguí (o vaig haver)	enaiguat
enaiguares	hagueres (o vas haver	”
enaiguà	hagué (o va haver)	”
enaiguàrem	haguérem (o vam haver)	”
enaiguàreu	haguéreu (o vau haver)	”
enaiguaren	hagueren (o van haver)	”

I també:
vaig enaiguar, etc.

Futur simple	*Futur compost*	
enaiguaré	hauré	enaiguat
enaiguaràs	hauràs	”
enaiguarà	haurà	”
enaiguarem	haurem	”
enaiguareu	haureu	”
enaiguaran	hauran	”

CONDICIONAL

Simple	*Compost*
enaiguaria	hauria (o haguera) enaiguat
enaiguaries	hauries (o hagueres) ”
enaiguaria	hauria (o haguera) ”
enaiguaríem	hauríem (o haguérem) ”
enaiguaríeu	hauríeu (o haguéreu) ”
enaiguarien	haurien (o hagueren) ”

SUBJUNTIU

Present	*Pretèrit perfet*
enaigüi	hagi enaiguat
enaigüis	hagis ”
enaigüi	hagi ”
enaigüem	hàgim ”
enaigüeu	hàgiu ”
enaigüin	hagin ”

Pretèrit imperfet	*Pret. plusquamperfet*
enaigüés	hagués enaiguat
enaigüessis	haguessis ”
enaigüés	hagués ”
enaigüéssim	haguéssim ”
enaigüéssiu	haguéssiu ”
enaigüessin	haguessin ”

IMPERATIU

enaigua
enaigüi
enaigüem
enaigüeu
enaigüin

INFINITIU

Present: enaiguar
Passat: haver enaiguat

GERUNDI

Present: enaiguant
Passat: havent enaiguat

PARTICIPI

enaiguat, enaiguada
enaiguats, enaiguades

INDICATIU

Present
envejo
enveges
enveja
envegem
envegeu
envegen

Pretèrit indefinit
he envejat
has "
ha "
havem (o hem) "
haveu (o heu) "
han "

Pretèrit imperfet
envejava
envejaves
envejava
envejàvem
envejàveu
envejaven

Pret. plusquamperfet
havia envejat
havies "
havia "
havíem "
havíeu "
havien "

Pretèrit perfet
envegí
envejares
envejà
envejàrem
envejàreu
envejaren
I també:
vaig envejar, etc.

Pretèrit anterior
haguí (o vaig haver) envejat
hagueres (o vas haver) "
hagué (o va haver) "
haguérem (o vam haver) "
haguéreu (o vau haver) "
hagueren (o van haver) "

Futur simple
envejaré
envejaràs
envejarà
envejarem
envejareu
envejaran

Futur compost
hauré envejat
hauràs "
haurà "
haurem "
haureu "
hauran "

CONDICIONAL

Simple	*Compost*	
envejaria	hauria (o haguera)	envejat
envejaries	hauries (o hagueres)	”
envejaria	hauria (o haguera)	”
envejaríem	hauríem (o haguérem)	”
envejaríeu	hauríeu (o haguéreu)	”
envejarien	haurien (o hagueren)	”

SUBJUNTIU

Present	*Pretèrit perfet*	
envegi	hagi	envejat
envegis	hagis	”
envegi	hagi	”
envegem	hàgim	”
envegeu	hàgiu	”
envegin	hagin	”

Pretèrit imperfet	*Pret. plusquamperfet*	
envegés	hagués	envejat
envegessis	haguessis	”
envegés	hagués	”
envegéssim	haguéssim	”
envegéssiu	haguéssiu	”
envegessin	haguessin	”

IMPERATIU

envejа
envegi
envegem
envegeu
envegin

INFINITIU

Present: envejar
Passat: haver envejat

GERUNDI

Present: envejant
Passat: havent envejat

PARTICIPI

envejat, envejada,
envejats, envejades

INDICATIU

Present	*Pretèrit indefinit*
escupo	he escopit
escups	has "
escup	ha "
escopim	havem (o hem) "
escopiu	haveu (o heu) "
escupen	han "
Pretèrit imperfet	*Pret. plusquamperfet*
escopia	havia escopit
escopies	havies "
escopia	havia "
escopíem	havíem "
escopíeu	havíeu "
escopien	havien "
Pretèrit perfet	*Pretèrit anterior*
escopí	haguí (o vaig haver) escopit
escopires	hagueres (o vas haver) "
escopí	hagué (o va haver) "
escopírem	haguérem (o vam haver) "
escopíreu	haguéreu (o vau haver) "
escopiren	hagueren (o van haver) "
I també:	
vaig escopir, etc.	
Futur simple	*Futur compost*
escopiré	hauré escopit
escopiràs	hauràs "
escopirà	haurà "
escopirem	haurem "
escopireu	haureu "
escopiran	hauran "

CONDICIONAL

Simple	*Compost*
escopiria	hauria (o haguera) escopit
escopiries	hauries (o hagueres) ”
escopiria	hauria (o haguera) ”
escopiríem	hauríem (o haguérem) ”
escopiríeu	hauríeu (o haguéreu) ”
escopirien	haurien (o hagueren) ”

SUBJUNTIU

Present	*Pretèrit perfet*
escupi	hagi escopit
escupis	hagis ”
escupi	hagi ”
escopim	hàgim ”
escopiu	hàgiu ”
escupin	hagin ”

Pretèrit imperfet	*Pret. plusquamperfet*
escopís	hagués escopit
escopissis	haguessis ”
escopís	hagués ”
escopíssim	haguéssim ”
escopíssiu	haguéssiu ”
escopissin	haguessin ”

IMPERATIU

escup
escupi
escopim
escopiu
escupin

INFINITIU

Present: escopir
Passat: haver escopit

GERUNDI

Present: escopint
Passat: havent escopit

PARTICIPI

escopit, escopida
escopits, escopides

INDICATIU

Present	*Pretèrit indefinit*
escric	he escrit
escrius	has "
escriu	ha "
escrivim	havem (o hem) "
escriviu	haveu (o heu) "
escriuen	han "

Pretèrit imperfet	*Pret. plusquamperfet*
escrivia	havia escrit
escrivies	havies "
escrivia	havia "
escrivíem	havíem "
escrivíeu	havíeu "
escrivien	havien "

Pretèrit perfet	*Pretèrit anterior*
escriví (o escriguí,	haguí (o vaig haver) escrit
escrivires escrigueres,	hagueres (o vas haver) "
escriví etc.)	hagué (o va haver) "
escrivírem	haguérem (o vam haver) "
escrivíreu	haguéreu (o vau haver) "
escriviren	hagueren (o van haver) "

I també:
vaig escriure, etc.

Futur simple	*Futur compost*
escriuré	hauré escrit
escriuràs	hauràs "
escriurà	haurà "
escriurem	haurem "
escriureu	haureu "
escriuran	hauran "

CONDICIONAL

Simple	*Compost*	
escriuria	hauria (o haguera)	escrit
escriuries	hauries (o hagueres)	”
escriuria	hauria (o haguera)	”
escriuríem	hauríem (o haguérem)	”
escriuríeu	hauríeu (o haguéreu)	”
escriurien	haurien (o hagueren)	”

SUBJUNTIU

Present	*Pretèrit perfet*	
escrigui	hagi	escrit
escriguis	hagis	”
escrigui	hagi	”
escriguem	hàgim	”
escrigueu	hàgiu	”
escriguin	hagin	”

Pretèrit imperfet		*Pret. plusquamperfet*	
escrivís	(o escrigués,	hagués	escrit
escrivissis	escriguessis, etc.)	haguessis	”
escrivís		hagués	”
escrivíssim		haguéssim	”
escrivíssiu		haguéssiu	”
escrivissin		haguesin	”

IMPERATIU

escriu
escrigui
escriguem
escriviu
escriguin

INFINITIU

Present: escriure
Passat: haver escrit

GERUNDI

Present: escrivint
Passat: havent escrit

PARTICIPI

escrit, escrita
escrits, escrites

INDICATIU

Present	*Pretèrit indefinit*	
esglaio	he	esglaiat
esglaies	has	,,
esglaia	ha	,,
esglaiem	havem (o hem)	,,
esglaieu	haveu (o heu)	,,
esglaien	han	,,

Pretèrit imperfet	*Pret. plusquamperfet*	
esglaiava	havia	esglaiat
esglaiaves	havies	,,
esglaiava	havia	,,
esglaiàvem	havíem	,,
esglaiàveu	havíeu	,,
esglaiaven	havien	,,

Pretèrit perfet	*Pretèrit anterior*	
esglaí	haguí (o vaig haver)	esglaiat
esglaiares	hagueres (o vas haver)	,,
esglaià	hagué (o va haver)	,,
esglaiàrem	haguérem (o vam haver)	,,
esglaiàreu	haguéreu (o vau haver)	,,
esglaiaren	hagueren (o van haver)	,,

I també:
vaig esglaiar, etc.

Futur simple	*Futur compost*	
esglaiaré	hauré	esglaiat
esglaiaràs	hauràs	,,
esglaiarà	haurà	,,
esglaiarem	haurem	,,
esglaiareu	haureu	,,
esglaiaran	hauran	,,

CONDICIONAL

Simple	*Compost*
esglaiaria	hauria (o haguera) esglaiat
esglaiaries	hauries (o hagueres) "
esglaiaria	hauria (o haguera) "
esglaiaríem	hauríem (o haguérem) "
esglaiaríeu	hauríeu (o haguéreu) "
esglaiarien	haurien (o hagueren) "

SUBJUNTIU

Present	*Pretèrit perfet*
esglaï	hagi esglaiat
esglaïs	hagis "
esglaï	hagi "
esglaiem	hàgim "
esglaieu	hàgiu "
esglaïn	hagin "

Pretèrit imperfet	*Pret. plusquamperfet*
esglaiés	hagués esglaiat
esglaiessis	haguessis "
esglaiés	hagués "
esglaiéssim	haguéssim "
esglaiéssiu	haguéssiu "
esglaiessin	haguessin "

IMPERATIU

esglaia
esglaï
esglaiem
esglaieu
esglaïn

INFINITIU

Present: esglaiar
Passat: haver esglaiat

GERUNDI

Present: esglaiant
Passat: havent esglaiat

PARTICIPI

esglaiat, esglaiada
esglaiats, esglaiades

112 ÉSSER (ser)

INDICATIU

Present
sóc (só)
ets
és
som
sou
són

Pretèrit indefinit
he estat
has ”
ha ”
havem (o hem) ”
haveu (o heu) ”
han ”

Pretèrit imperfet
era
eres
era
érem
éreu
eren

Pret. plusquamperfet
havia estat
havies ”
havia ”
havíem ”
havíeu ”
havien ”

Pretèrit perfet
fui
fores
fou
fórem
fóreu
foren
I també:
vaig ésser, etc.

Pretèrit anterior
haguí (o vaig haver) estat
hagueres (o vas haver) ”
hagué (o va haver) ”
haguérem (o vam haver) ”
haguéreu (o vau haver) ”
hagueren (o van haver) ”

Futur simple
seré
seràs
serà
serem
sereu
seran

Futur compost
hauré estat
hauràs ”
haurà ”
haurem ”
haureu ”
hauran ”

CONDICIONAL

Simple	*Compost*
seria (o fóra)	hauria (o haguera) estat
series (o fores)	hauries (o hagueres) ”
seria (o fóra)	hauria (o haguera) ”
seríem (o fórem)	hauríem (o haguérem) ”
seríeu (o fóreu)	hauríeu (o haguéreu) ”
serien (o foren)	haurien (o hagueren) ”

SUBJUNTIU

Present	*Pretèrit perfet*
sigui	hagi estat
siguis	hagis ”
sigui	hagi ”
siguem	hàgim ”
sigueu	hàgiu ”
siguin	hagin ”

Pretèrit imperfet	*Pret. plusquamperfet*
fos	hagués estat
fossis	haguessis ”
fos	hagués ”
fóssim	haguéssim ”
fóssiu	haguéssiu ”
fossin	haguessin ”

IMPERATIU

sigues
sigui
siguem
sigueu
siguin

INFINITIU

Present: ésser (o ser)
Passat: haver estat

GERUNDI

Present: essent (o sent)

Passat: havent estat

PARTICIPI

estat, estada
estats, estades

114 ESTABLIR

INDICATIU

Present	*Pretèrit indefinit*	
estableixo	he	establert
estableixes	has	"
estableix	ha	"
establim	havem (o hem)	"
establiu	haveu (o heu)	"
estableixen	han	"

Pretèrit imperfet	*Pret. plusquamperfet*	
establia	havia	establert
establies	havies	"
establia	havia	"
establíem	havíem	"
establíeu	havíeu	"
establien	havien	"

Pretèrit perfet	*Pretèrit anterior*	
establí	haguí (o vaig haver)	establert
establires	hagueres (o vas haver)	"
establí	hagué (o va haver)	"
establírem	haguérem (o vam haver)	"
establíreu	haguéreu (o vau haver)	"
establiren	hagueren (o van haver)	"

I també:
vaig establir, etc.

Futur simple	*Futur compost*	
establiré	hauré	establert
establiràs	hauràs	"
establirà	haurà	"
establirem	haurem	"
establireu	haureu	"
establiran	hauran	"

CONDICIONAL

Simple	*Compost*
establiria	hauria (o haguera) establert
establiries	hauries (o hagueres) ”
establiria	hauria (o haguera) ”
establiríem	hauríem (o haguérem) ”
establiríeu	hauríeu (o haguéreu) ”
establirien	haurien (o hagueren) ”

SUBJUNTIU

Present	*Pretèrit perfet*
estableixi	hagi establert
estableixis	hagis ”
estableixi	hagi ”
establim	hàgim ”
establiu	hàgiu ”
estableixin	hagin ”

Pretèrit imperfet	*Pret. plusquamperfet*
establís	hagués establert
establissis	haguessis ”
establís	hagués ”
establíssim	haguéssim ”
establíssiu	haguéssiu ”
establissin	haguessin ”

IMPERATIU

estableix
estableixi
establim
establiu
estableixin

INFINITIU

Present: establir
Passat: haver establert

GERUNDI

Present: establint
Passat: havent establert

PARTICIPI

establert, establerta,
establerts, establertes

INDICATIU

Present	*Pretèrit indefinit*
estic	he estat
estàs	has ”
està	ha ”
estem	havem (o hem) ”
esteu	haveu (o heu) ”
estan	han ”

Pretèrit imperfet	*Pret. plusquamperfet*
estava	havia estat
estaves	havies ”
estava	havia ”
estàvem	havíem ”
estàveu	havíeu ”
estaven	havien ”

Pretèrit perfet	*Pretèrit anterior*
estiguí	haguí (o vaig haver) estat
estigueres	hagueres (o vas haver) ”
estigué	hagué (o va haver) ”
estiguérem	haguérem (o vam haver) ”
estiguéreu	haguéreu (o vau haver) ”
estigueren	hagueren (o van haver) ”

I també:
vaig estar, etc.

Futur simple	*Futur compost*
estaré	hauré estat
estaràs	hauràs ”
estarà	haurà ”
estarem	haurem ”
estareu	haureu ”
estaran	hauran ”

CONDICIONAL

Simple	*Compost*
estaria	hauria (o haguera) estat
estaries	hauries (o hagueres) ”
estaria	hauria (o haguera) ”
estaríem	hauríem (o haguérem) ”
estaríeu	hauríeu (o haguéreu) ”
estarien	haurien (o hagueren) ”

SUBJUNTIU

Present	*Pretèrit perfet*
estigui	hagi estat
estiguis	hagis “
estigui	hagi ”
estiguem	hàgim ”
estigueu	hàgiu ”
estiguin	hagin ”

Pretèrit imperfet	*Pret. plusquamperfet*
estigués	hagués estat
estiguessis	haguessis ”
estigués	hagués ”
estiguéssim	haguéssim ”
estiguéssiu	haguéssiu ”
estiguessin	haguessin ”

IMPERATIU

estigues
estigui
estiguem
estigueu
estiguin

INFINITIU

Present: estar
Passat: haver estat

GERUNDI

Present: estant
Passat: havent estat

PARTICIPI

estat, estada
estats, estades

INDICATIU

Present	*Pretèrit indefinit*
evacuo	he evacuat
evacues	has ”
evacua	ha ”
evacuem	havem (o hem) ”
evacueu	haveu (o heu) ”
evacuen	han ”

Pretèrit imperfet	*Pret.plusquamperfet*
evacuava	havia evacuat
evacuaves	havies ”
evacuava	havia ”
evacuàvem	havíem ”
evacuàveu	havíeu ”
evacuaven	havien ”

Pretèrit perfet	*Pretèrit anterior*
evacuí	haguí (o vaig haver) evacuat
evacuares	hagueres (o vas haver) ”
evacuà	hagué (o va haver) ”
evacuàrem	haguérem (o vam haver) ”
evacuàreu	haguéreu (o vau haver) ”
evacuaren	hagueren (o van haver) ”

I també:
vaig evacuar, etc.

Futur simple	*Futur compost*
evacuaré	hauré evacuat
evacuaràs	hauràs ”
evacuarà	haurà ”
evacuarem	haurem ”
evacuareu	haureu ”
evacuaran	hauran ”

CONDICIONAL

Simple	*Compost*
evacuaria	hauria (o haguera) evacuat
evacuaries	hauries (o hagueres) "
evacuaria	hauria (o haguera) "
evacuaríem	hauríem (o haguérem) "
evacuaríeu	hauríeu (o haguéreu) "
evacuarien	haurien (o hagueren) "

SUBJUNTIU

Present	*Pretèrit perfet*
evacuï	hagi evacuat
evacuïs	hagis "
evacuï	hagi "
evacuem	hàgim "
evacueu	hàgiu "
evacuïn	hagin "

Pretèrit imperfet	*Pret. plusquamperfet*
evacués	hagués evacuat
evacuessis	haguessis "
evacués	hagués "
evacuéssim	haguéssim "
evacuéssiu	haguéssiu "
evacuessin	haguessin "

IMPERATIU

evacua
evacuï
evacuem
evacueu
evacuïn

INFINITIU

Present: evacuar
Passat: haver evacuat

GERUNDI

Present: evacuant
Passat: havent evacuat

PARTICIPI

evacuat, evacuada
evacuats, evacuades

INDICATIU

Present
faig
fas
fa
fem
feu
fan

Pretèrit indefinit
he fet
has ”
ha ”
havem (o hem) ”
haveu (o heu) ”
han ”

Pretèrit imperfet
feia
feies
feia
fèiem
fèieu
feien

Pret. plusquamperfet
havia fet
havies ”
havia ”
havíem ”
havíeu ”
havien ”

Pretèrit perfet
fiu
feres
féu
férem
féreu
feren

I també:
vaig fer, etc.

Pretèrit anterior
haguí (o vaig haver) fet
hagueres (o vas haver) ”
hagué (o va haver) ”
haguérem (o vam haver) ”
haguéreu (o vau haver) ”
hagueren (o van haver) ”

Futur simple
faré
faràs
farà
farem
fareu
faran

Futur compost
hauré fet
hauràs ”
haurà ”
haurem ”
haureu ”
hauran ”

CONDICIONAL

Simple	*Compost*	
faria	hauria (o haguera)	fet
faries	hauries (o hagueres)	”
faria	hauria (o haguera)	”
faríem	hauríem (o haguérem)	”
faríeu	hauríeu (o haguéreu)	”
farien	haurien (o hagueren)	”

SUBJUNTIU

Present	*Pretèrit perfet*	
faci	hagi	fet
facis	hagis	”
faci	hagi	”
fem (o facem)	hàgim	”
feu (o faceu)	hàgiu	”
facin	hagin	”

Pretèrit imperfet	*Pret. plusquamperfet*	
fes	hagués	fet
fessis	haguessis	”
fes	hagués	”
féssim	haguéssim	”
féssiu	haguéssiu	”
fessin	haguessin	”

IMPERATIU

fes
faci
fem (o facem)
feu
facin

INFINITIU

Present: fer
Passat: haver fet

GERUNDI

Present: fent
Passat: havent fet

PARTICIPI

fet, feta
fets, fetes

INDICATIU

Present
fonc
fons
fon
fonem
foneu
fonen

Pretèrit indefinit
he fos
has ”
ha ”
havem (o hem) ”
haveu (o heu) ”
han ”

Pretèrit imperfet
fonia
fonies
fonia
foníem
foníeu
fonien

Pret. plusquamperfet
havia fos
havies ”
havia ”
havíem ”
havíeu ”
havien ”

Pretèrit perfet
fonguí
fongueres
fongué
fonguérem
fonguéreu
fongueren

I també:
vaig fondre, etc.

Pretèrit anterior
haguí (o vaig haver) fos
hagueres (o vas haver) ”
hagué (o va haver) ”
haguérem (o vam haver) ”
haguéreu (o vau haver) ”
hagueren (o van haver) ”

Futur simple
fondré
fondràs
fondrà
fondrem
fondreu
fondran

Futur compost
hauré fos
hauràs ”
haurà ”
haurem ”
haureu ”
hauran ”

CONDICIONAL

Simple	*Compost*
fondria	hauria (o haguera) fos
fondries	hauries (o hagueres) ”
fondria	hauria (o haguera) ”
fondríem	hauríem (o haguérem)”
fondríeu	hauríeu (o haguéreu) ”
fondrien	haurien (o hagueren) ”

SUBJUNTIU

Present	*Pretèrit perfet*
fongui	hagi fos
fonguis	hagis ”
fongui	hagi ”
fonguem	hàgim ”
fongueu	hàgiu ”
fonguin	hagin ”

Pretèrit imperfet	*Pret. plusquamperfet*
fongués	hagués fos
fonguessis	haguessis ”
fongués	hagués ”
fonguéssim	haguéssim ”
fonguéssiu	haguéssiu ”
fonguessin	haguessin ”

IMPERATIU

fon
fongui
fonguem
foneu
fonguin

INFINITIU

Present: fondre
Passat: haver fos

GERUNDI

Present: fonent
Passat: havent fos

PARTICIPI

fos, fosa
fosos, foses

INDICATIU

Present
fujo
fuges
fuig
fugim
fugiu
fugen

Pretèrit indefinit
he fugit
has "
has "
havem (o hem) "
haveu (o heu) "
han "

Pretèrit imperfet
fugia
fugies
fugia
fugíem
fugíeu
fugien

Pret. plusquamperfet
havia fugit
havies "
havia "
havíem "
havíeu "
havien "

Pretèrit perfet
fugí
fugires
fugí
fugírem
fugíreu
fugiren
I també:
vaig fugir, etc.

Pretèrit anterior
haguí (o vaig haver) fugit
hagueres (o vas haver) "
hagué (o va haver) "
haguérem (o vam haver) "
haguéreu (o vau haver) "
hagueren (o van haver) "

Futur simple
fugiré
fugiràs
fugirà
fugirem
fugireu
fugiran

Futur compost
hauré fugit
hauràs "
haurà "
haurem "
haureu "
hauran "

CONDICIONAL

Simple	*Compost*
fugiria	hauria (o haguera) fugit
fugiries	hauries (o hagueres) "
fugiria	hauria (o haguera) "
fugiríem	hauríem (o haguérem) "
fugiríeu	hauríeu (o haguéreu) "
fugirien	haurien (o hagueren) "

SUBJUNTIU

Present	*Pretèrit perfet*
fugi	hagi fugit
fugis	hagis "
fugi	hagi "
fugim	hàgim "
fugiu	hàgiu "
fugin	hagin "

Pretèrit imperfet	*Pret. plusquamperfet*
fugís	hagués fugit
fugissis	haguessis "
fugís	hagués "
fugíssim	haguéssim "
fugíssiu	haguéssiu "
fugissin	haguessin "

IMPERATIU

fuig
fugi
fugim
fugiu
fugin

INFINITIU

Present: fugir
Passat: haver fugit

GERUNDI

Present: fugint

Passat: havent fugit

PARTICIPI

fugit, fugida
fugits, fugides

INDICATIU

Present
commoc
commous
commou

commovem
commoveu
commouen

Pretèrit indefinit
he commogut
has ”
ha ”

havem (o hem) ”
haveu (o heu) ”
han ”

Pretèrit imperfet
commovia
commovies
commovia

commovíem
commovíeu
commovien

Pret. plusquamperfet
havia commogut
havies ”
havia ”

havíem ”
havíeu ”
havien ”

Pretèrit perfet
commoguí
commogueres
commogué

commoguérem
commoguéreu
commogueren

Pretèrit anterior
haguí (o vaig haver) commogut
hagueres (o vas haver) ”
hagué (o va haver) ”

haguérem (o vam haver) ”
haguéreu (o vau haver) ”
hagueren (o van haver) ”

I també:
vaig commoure, etc.

Futur simple
commouré
commouràs
commourà

commourem
commoureu
commouran

Futur compost
hauré commogut
hauràs ”
haurà ”

haurem ”
haureu ”
hauran ”

CONDICIONAL

Simple	*Compost*	
commouria	hauria (o haguera)	commogut
commouries	hauries (o hagueres)	”
commouria	hauria (o haguera)	”
commouríem	hauríem (o haguérem)	”
commouríeu	hauríeu (o haguéreu)	”
commourien	haurien (o hagueren)	”

SUBJUNTIU

Present	*Pretèrit perfet*	
commogui	hagi	commogut
commoguis	hagis	”
commogui	hagi	”
commoguem	hàgim	”
commogueu	hàgiu	”
commoguin	hagin	”

Pretèrit imperfet	*Pret. plusquamperfet*	
commogués	hagués	commogut
commoguessis	haguessis	”
commogués	hagués	”
commoguéssim	haguéssim	”
commoguéssiu	haguéssiu	”
commoguessin	haguessin	”

IMPERATIU

commou
commogui
commoguem
commoveu
commoguin

GERUNDI

Present: commovent
Passat: havent commogut

INFINITIU

Present: commoure
Passat: haver commogut

PARTICIPI

commogut, commoguda
commoguts, commogudes
(o commòs, etc.)

INDICATIU

Present
he (o haig)
has
ha
havem (o hem)
haveu (o heu)
han

Pretèrit indefinit
he hagut
has ”
ha ”
havem (o hem) ”
haveu (o heu) ”
han ”

Pretèrit imperfet
havia
havies
havia
havíem
havíeu
havien

Pret. plusquamperfet
havia hagut
havies ”
havia ”
havíem ”
havíeu ”
havien ”.

Pretèrit perfet
haguí
hagueres
hagué
haguérem
haguéreu
hagueren
I també:
vaig haver, etc.

Pretèrit anterior
haguí (o vaig haver) hagut
hagueres (o vas haver) ”
hagué (o va haver) ”
haguérem (o vam haver) ”
haguéreu (o vau haver) ”
hagueren (o van haver) ”

Futur simple
hauré
hauràs
haurà
haurem
haureu
hauran

Futur compost
hauré hagut
hauràs ”
haurà ”
haurem ”
haureu ”
hauran ”

CONDICIONAL

Simple	*Compost*	
hauria (o haguera)	hauria (o haguera)	hagut
hauries (o hagueres)	hauries (o hagueres)	”
hauria (o haguera)	hauria (o haguera)	”
hauríem (o haguérem)	hauríem (o haguérem)	”
hauríeu (o haguéreu)	hauríeu (o haguéreu)	”
haurien (o hagueren)	haurien (o hagueren)	”

SUBJUNTIU

Present	*Pretèrit perfet*	
hagi	hagi	hagut
hagis	hagis	”
hagi	hagi	”
hàgim (o haguem)	hàgim	”
hàgiu (o hagueu)	hàgiu	”
hagin	hagin	”

Pretèrit imperfet	*Pret. plusquamperfet*	
hagués	hagués	hagut
haguessis	haguessis	”
hagués	hagués	”
haguéssim	haguéssim	‘’
haguéssiu	haguéssiu	”
haguessin	haguessin	”

IMPERATIU

(manca)

INFINITIU

Present: haver
Passat: haver hagut

GERUNDI

Present: havent
Passat: havent hagut

PARTICIPI

hagut, haguda
haguts, hagudes

130 HAVER (o heure)

INDICATIU

Present	*Pretèrit indefinit*	
hec	he	hagut
heus	has	”
heu	ha	”
havem	havem (o hem)	”
haveu	haveu (o heu)	”
heuen	han	”

Pretèrit imperfet	*Pret. plusquamperfet*	
havia	havia	hagut
havies	havies	”
havia	havia	”
havíem	havíem	”
havíeu	havíeu	”
havien	havien	”

Pretèrit perfet	*Pretèrit anterior*	
haguí	haguí (o vaig haver)	hagut
hagueres	hagueres (o vas haver)	”
hagué	hagué (o va haver)	”
haguérem	haguérem (o vam haver)	”
haguéreu	haguéreu (o vau haver)	”
hagueren	hagueren (o van haver)	”

I també:
vaig haver, etc.

Futur simple	*Futur compost*	
hauré	hauré	hagut
hauràs	hauràs	”
haurà	haurà	”
haurem	haurem	”
haureu	haureu	”
hauran	hauran	”

CONDICIONAL

Simple	*Compost*	
hauria	hauria (o haguera)	hagut
hauries	hauries (o hagueres)	”
hauria	hauria (o haguera)	”
hauríem	hauríem (o haguérem)	”
hauríeu	hauríeu (o haguéreu)	”
haurien	haurien (o hagueren)	”

SUBJUNTIU

Present	*Pretèrit perfet*	
hegui	hagi	hagut
heguis	hagis	”
hegui	hagi	”
haguem	hàgim	”
hagueu	hàgiu	”
heguin	hagin	”

Pretèrit imperfet	*Pret. plusquamperfet*	
hagués	hagués	hagut
haguessis	haguessis	”
hagués	hagués	”
haguéssim	haguéssim	”
haguéssiu	haguéssiu	”
haguessin	haguessin	”

IMPERATIU

heu
hegui
haguem
haveu
heguin

INFINITIU

Present: haver (o heure)
Passat: haver hagut

GERUNDI

Present: havent
Passat: havent hagut

PARTICIPI

hagut, haguda
haguts, hagudes

INDICATIU

Present	*Pretèrit indefinit*
imprimeixo	he imprès
imprimeixes	has ”
imprimeix	ha ”
imprimim	havem (o hem) ”
imprimiu	haveu (o heu) ”
imprimeixen	han ”

Pretèrit imperfet	*Pret. plusquamperfet*
imprimia	havia imprès
imprimies	havies ”
imprimia	havia ”
imprimíem	havíem ”
imprimíeu	havíeu ”
imprimien	havien ”

Pretèrit perfet	*Pretèrit anterior*
imprimí	haguí (o vaig haver) imprès
imprimires	hagueres (o vas haver) ”
imprimí	hagué (o va haver) ”
imprimírem	haguérem (o vam haver) ”
imprimíreu	haguéreu (o vau haver) ”
imprimiren	hagueren (o van haver) ”

I també:
vaig imprimir, etc.

Futur simple	*Futur compost*
imprimiré	hauré imprès
imprimiràs	hauràs ”
imprimirà	haurà ”
imprimirem	haurem ”
imprimireu	haureu ”
imprimiran	hauran ”

CONDICIONAL

Simple	*Compost*	
imprimiria	hauria (o haguera)	imprès
imprimiries	hauries (o hagueres)	"
imprimiria	hauria (o haguera)	"
imprimiríem	hauríem (o haguérem)	"
imprimiríeu	hauríeu (o haguéreu)	"
imprimirien	haurien (o hagueren)	"

SUBJUNTIU

Present	*Pretèrit perfet*	
imprimeixi	hagi	imprès
imprimeixis	hagis	"
imprimeixi	hagi	"
imprimim	hàgim	"
imprimiu	hàgiu	"
imprimeixin	hagin	"

Pretèrit imperfet	*Pret. plusquamperfet*	
imprimís	hagués	imprès
imprimissis	haguessis	"
imprimís	hagués	"
imprimíssim	haguéssim	"
imprimíssiu	haguéssiu	"
imprimissin	haguessin	"

IMPERATIU

imprimeix
imprimeixi
imprimim
imprimiu
imprimeixin

INFINITIU

Present: imprimir
Passat: haver imprès

GERUNDI

Present: imprimint
Passat: havent imprès

PARTICIPI

imprès, impresa
impresos, impreses

INDICATIU

Present	*Pretèrit indefinit*	
jec (o jac)	he	jagut
jeus (o jaus)	has	"
jeu (o jau)	ha	"
jaiem	havem (o hem)	"
jaieu	haveu (o heu)	"
jeuen (o jauen)	han	"

Pretèrit imperfet	*Pret. plusquamperfet*	
jeia	havia	jagut
jeies	havies	"
jeia	havia	"
jèiem	havíem	"
jèieu	havíeu	"
jeien	havien	"

Pretèrit perfet	*Pretèrit anterior*	
jaguí	haguí (o vaig haver)	jagut
jagueres	hagueres (o vas haver)	"
jagué	hagué (o va haver)	"
jaguérem	haguérem (o vam haver)	"
jaguéreu	haguéreu (o vau haver)	"
jagueren	hagueren (o van haver)	"

I també:
vaig jeure, etc.

Futur simple	*Futur compost*	
jauré	hauré	jagut
jauràs	hauràs	"
jaurà	haurà	"
jaurem	haurem	"
jaureu	haureu	"
jauran	hauran	"

CONDICIONAL

Simple	*Compost*	
jauria	hauria (o haguera)	jagut
jauries	hauries (o hagueres)	”
jauria	hauria (o haguera)	”
jauríem	hauríem (o haguérem)	”
jauríeu	hauríeu (o haguéreu)	”
jaurien	haurien (o hagueren)	”

SUBJUNTIU

Present	*Pretèrit perfet*	
jegui (o jagui)	hagi	jagut
jeguis (o jaguis)	hagis	”
jegui (o jagui)	hagi	”
jaguem	hàgim	”
jagueu	hàgiu	”
jeguin (o jaguin)	hagin	”

Pretèrit imperfet	*Pret. plusquamperfet*	
jagués	hagués	jagut
jaguessis	haguessis	”
jagués	hagués	”
jaguéssim	haguéssim	”
jaguéssiu	haguéssiu	”
jaguessin	haguessin	”

IMPERATIU

jeu (o jau)
jegui (o jagui)
jaguem
jaieu
jeguin (o jaguin)

INFINITIU

Present: jeure (o jaure)
Passat: haver jagut

GERUNDI

Present: jaient
Passat: havent jagut

PARTICIPI

jagut, jaguda
jaguts, jagudes

INDICATIU

Present
lloo
lloes
lloa
lloem
lloeu
lloen

Pretèrit indefinit
he lloat
has ”
ha ”
havem (o hem) ”
haveu (o heu) ”
han ”

Pretèrit imperfet
lloava
lloaves
lloava
lloàvem
lloàveu
lloaven

Pret. plusquamperfet
havia lloat
havies ”
havia ”
havíem ”
havíeu ”
havien ”

Pretèrit perfet
lloí
lloares
lloà
lloàrem
lloàreu
lloaren

I també:
vaig lloar, etc.

Pretèrit anterior
haguí (o vaig haver) lloat
hagueres (o vas haver) ”
hagué (o va haver) ”
haguérem (o vam haver) ”
haguéreu (o vau haver) ”
hagueren (o van haver) ”

Futur simple
lloaré
lloaràs
lloarà
lloarem
lloareu
lloaran

Futur compost
hauré lloat
hauràs ”
haurà ”
haurem ”
haureu ”
hauran ”

CONDICIONAL

Simple

lloaria
lloaries
lloaria
lloaríem
lloaríeu
lloarien

Compost

hauria (o haguera) lloat
hauries (o hagueres) ”
hauria (o haguera) ”
hauríem (o haguérem) ”
hauríeu (o haguéreu) ”
haurien (o hagueren) ”

SUBJUNTIU

Present

lloï
lloïs
lloï
lloem
lloeu
lloïn

Pretèrit perfet

hagi lloat
hagis ”
hagi ”
hàgim ”
hàgiu ”
hagin ”

Pretèrit imperfet

lloés
lloessis
lloés
lloéssim
lloéssiu
lloessin

Pret. plusquamperfet

hagués lloat
haguessis ”
hagués ”
haguéssim ”
haguéssiu ”
haguessin ”

IMPERATIU

lloa
lloï
lloem
lloeu
lloïn

INFINITIU

Present: lloar
Passat: haver lloat

GERUNDI

Present: lloant
Passat: havent lloat

PARTICIPI

lloat, lloada
lloats, lloades

138 LLUIR (intr.)

INDICATIU

Present	*Pretèrit indefinit*
lluo	he lluït
lluus	has "
lluu (o llu)	ha "
lluïm	havem (o hem) "
lluïu	haveu (o heu) "
lluen	han "

Pretèrit imperfet	*Pret. plusquamperfet*
lluïa	havia lluït
lluïes	havies "
lluïa	havia "
lluíem	havíem "
lluíeu	havíeu "
lluïen	havien "

Pretèrit perfet	*Pretèrit anterior*
lluí	haguí (o vaig haver) lluït
lluïres	hagueres (o vas haver) "
lluí	hagué (o va haver) "
lluírem	haguérem (o vam haver) "
lluíreu	haguéreu (o vau haver) "
lluïren	hagueren (o van haver) "

I també:
vaig lluir, etc.

Futur simple	*Futur compost*
lluiré	hauré lluït
lluiràs	hauràs "
lluirà	haurà "
lluirem	haurem "
lluireu	haureu "
lluiran	hauran "

CONDICIONAL

Simple	*Compost*
lluiria	hauria (o haguera) lluït
lluiries	hauries (o hagueres) ”
lluiria	hauria (o haguera) ”
lluiríem	hauríem (o haguérem) ”
lluiríeu	hauríeu (o haguéreu) ”
lluirien	haurien (o hagueren) ”

SUBJUNTIU

Present	*Pretèrit perfet*
lluï	hagi lluït
lluïs	hagis ”
lluï	hagi ”
lluïm	hàgim “
lluïu	hàgiu ”
lluïn	hagin ”

Pretèrit imperfet	*Pret. plusquamperfet*
lluís	hagués lluït
lluïssis	haguessis ”
lluís	hagués ”
lluíssim	haguéssim ”
lluíssiu	haguéssiu ”
lluïssin	haguessin ”

IMPERATIU

lluu (o llu)
lluï
lluïm
lluïu
lluïn

INFINITIU

Present: lluir
Passat: haver lluït

GERUNDI

Present: lluint
Passat: havent lluït

PARTICIPI

lluït, lluïda
lluïts, lluïdes

INDICATIU

Present	*Pretèrit indefinit*
malvenc	he malvenut
malvens	has "
malvèn	ha "
malvenem	havem (o hem) "
malveneu	haveu (o heu) "
malvenen	han "
Pretèrit imperfet	*Pret. plusquamperfet*
malvenia	havia malvenut
malvenies	havies "
malvenia	havia "
malveníem	havíem "
malveníeu	havíeu "
malvenien	havien "
Pretèrit perfet	*Pretèrit anterior*
malvenguí	haguí (o vaig haver) malvenut
malvengueres	hagueres (o vas haver) "
malvengué	hagué (o va haver) "
malvenguérem	haguérem (o vam haver) "
malvenguéreu	haguéreu (o vau haver) "
malvengueren	hagueren (o van haver) "
I també:	
vaig malvendre, etc.	
Futur simple	*Futur compost*
malvendré	hauré malvenut
malvendràs	hauràs "
malvendrà	haurà "
malvendrem	haurem "
malvendreu	haureu "
malvendran	hauran "

CONDICIONAL

Simple	*Compost*
malvendria	hauria (o haguera) malvenut
malvendries	hauries (o hagueres) ”
malvendria	hauria (o haguera) ”
malvendríem	hauríem (o haguérem) ”
malvendríeu	hauríeu (o haguéreu) ”
malvendrien	haurien (o hagueren) ”

SUBJUNTIU

Present	*Pretèrit perfet*
malvengui	hagi malvenut
malvenguis	hagis ”
malvengui	hagi ”
malvenguem	hàgim ”
malvengueu	hàgiu ”
malvenguin	hagin ”

Pretèrit imperfet	*Pret. plusquamperfet*
malvengués	hagués malvenut
malvenguessis	haguessis ”
malvengués	hagués ”
malvenguéssim	haguéssim ”
malvenguéssiu	haguéssiu ”
malvenguessin	haguessin ”

IMPERATIU

malvèn
malvengui
malvenguem
malveneu
malvenguin

GERUNDI

Present: malvenent
Passat: havent malvenut

INFINITIU

Present: malvendre
Passat: haver malvenut

PARTICIPI

malvenut, malvenuda
malvenuts, malvenudes

INDICATIU

Present	*Pretèrit indefinit*	
mento (o menteixo)	he	mentit
ments (o menteixes)	has	”
ment (o menteix)	ha	”
mentim	havem (o hem)	”
mentiu	haveu (o heu)	”
menten (o menteixen)	han	”

Pretèrit imperfet	*Pret. plusquamperfet*	
mentia	havia	mentit
menties	havies	”
mentia	havia	”
mentíem	havíem	”
mentíeu	havíeu	”
mentien	havien	”

Pretèrit perfet	*Pretèrit anterior*	
mentí	haguí (o vaig haver)	mentit
mentires	hagueres (o vas haver)	”
mentí	hagué (o va haver)	”
mentírem	haguérem (o vam haver)	”
mentíreu	haguéreu (o vau haver)	”
mentiren	hagueren (o van haver)	”

I també:
vaig mentir, etc.

Futur simple	*Futur compost*	
mentiré	hauré	mentit
mentiràs	hauràs	”
mentirà	haurà	”
mentirem	haurem	”
mentireu	haureu	”
mentiran	hauran	”

CONDICIONAL

Simple	*Compost*	
mentiria	hauria (o haguera)	mentit
mentiries	hauries (o hagueres)	”
mentiria	hauria (o haguera)	”
mentiríem	hauríem (o haguérem)	”
mentiríeu	hauríeu (o haguéreu)	”
mentirien	haurien (o hagueren)	”

SUBJUNTIU

Present	*Pretèrit perfet*	
menti (o menteixi)	hagi	mentit
mentis (o menteixis)	hagis	”
menti (o menteixi)	hagi	”
mentim	hàgim	”
mentiu	hàgiu	”
mentin (o menteixin)	hagin	”

Pretèrit imperfet	*Pret. plusquamperfet*	
mentís	hagués	mentit
mentissis	haguessis	”
mentís	hagués	”
mentíssim	haguéssim	”
mentíssiu	haguéssiu	”
mentissin	haguessin	”

IMPERATIU

ment (o menteix)
menti (o menteixi)
mentim
mentiu
mentin (o menteixin)

INFINITIU

Present: mentir
Passat: haver mentit

GERUNDI

Present: mentint
Passat: havent mentit

PARTICIPI

mentit, mentida
mentits, mentides

INDICATIU

Present	*Pretèrit indefinit*	
menyspreo	he	menyspreat
menysprees	has	"
menysprea	ha	"
menyspreem	havem (o hem	"
menyspreeu	haveu (o heu)	"
menyspreen	han	"

Pretèrit imperfet	*Pret. plusquamperfet*	
menyspreava	havia	menyspreat
menyspreaves	havies	"
menyspreava	havia	"
menyspreàvem	havíem	"
menyspreàveu	havíeu	"
menyspreaven	havien	"

Pretèrit perfet	*Pretèrit anterior*	
menyspreí	haguí (o vaig haver)	menyspreat
menyspreares	hagueres (o vas haver)	"
menyspreà	hagué (o va haver)	"
menyspreàrem	haguérem (o vam haver)	"
menyspreàreu	haguéreu (o vau haver)	"
menysprearen	hagueren (o van haver)	"

I també:
vaig menysprear, etc.

Futur simple	*Futur compost*	
menysprearé	hauré	menyspreat
menysprearàs	hauràs	"
menyspreará	haurà	"
menysprearem	haurem	"
menyspreareu	haureu	"
menysprearan	hauran	"

CONDICIONAL

Simple	*Compost*
menysprearia	hauria (o haguera) menyspreat
menysprearies	hauries (o hagueres) "
menysprearia	hauria (o haguera) "
menysprearíem	hauríem (o haguérem) "
menysprearíeu	hauríeu (o haguéreu) "
menysprearien	haurien (o hagueren) "

SUBJUNTIU

Present	*Pretèrit perfet*
menyspreï	hagi menyspreat
menyspreïs	hagis "
menyspreï	hagi "
menyspreem	hàgim "
menyspreeu	hàgiu "
menyspreïn	hagin "

Pretèrit imperfet	*Pret. plusquamperfet*
menyspreés	hagués menyspreat
menyspreessis	haguessis "
menyspreés	hagués "
menyspreéssim	haguéssim "
menyspreéssiu	haguéssiu "
menyspreessin	haguessin "

IMPERATIU

menysprea
menyspreï
menyspreem
menyspreeu
menyspreïn

INFINITIU

Present: menysprear
Passat: haver menyspreat

GERUNDI

Present: menyspreant
Passat: havent menyspreat

PARTICIPI

menyspreat, menyspreada
menyspreats, menyspreades

INDICATIU

Present	*Pretèrit indefinit*	
mereixo	he	merescut
mereixes	has	”
mereix	ha	”
mereixem	havem (o hem)	”
mereixeu	haveu (o heu)	”
mereixen	han	”

Pretèrit imperfet	*Pret. plusquamperfet*	
mereixia	havia	merescut
mereixies	havies	”
mereixia	havia	”
mereixíem	havíem	”
mereixíeu	havíeu	”
mereixien	havien	”

Pretèrit perfet	*Pretèrit anterior*	
mereixí (o meresquí)	haguí (o vaig haver)	merescut
mereixeres (o meresqueres)	hagueres (o vas haver)	”
mereixé (o meresqué)	hagué (o va haver)	”
mereixérem (o meresquérem)	haguérem (o vam haver)	”
mereixéreu (o meresquéreu)	haguéreu (o vau haver)	”
mereixeren (o meresqueren)	hagueren (o van haver)	”

Futur simple	*Futur compost*	
mereixeré	hauré	merescut
mereixeràs	hauràs	”
mereixerà	haurà	”
mereixerem	haurem	”
mereixereu	haureu	”
mereixeran	hauran	”

CONDICIONAL

Simple
mereixeria
mereixeries
mereixeria
mereixeríem
mereixeríeu
mereixerien

Compost
hauria (o haguera) merescut
hauries (o hagueres) ”
hauria (o haguera) ”
hauríem (o haguérem) ”
hauríeu (o haguéreu) ”
haurien (o hagueren) ”

SUBJUNTIU

Present
mereixi
mereixis
mereixi
mereixem (o meresquem)
mereixeu (o meresqueu)
mereixin

Pretèrit perfet
hagi merescut
hagis ”
hagi ”
hàgim ”
hàgiu ”
hagin ”

Pretèrit imperfet
mereixés (o meresqués)
mereixessis (o meresquessis)
mereixés (o meresqués)
mereixéssim (o meresquéssim)
mereixéssiu (o meresquéssiu)
mereixessin (o meresquessin)

Pret. plusquamperfet
hagués merescut
haguessis ”
hagués ”
haguéssim ”
haguéssiu ”
haguessin ”

IMPERATIU

mereix
mereixi
mereixem (o meresquem)
mereixeu
mereixin

INFINITIU

Present: merèixer
Passat: haver merescut

GERUNDI

Present: mereixent

Passat: havent merescut

PARTICIPI

merescut, merescuda
merescuts, merescudes

INDICATIU

Present	*Pretèrit indefinit*	
meto	he	mes
mets	has	“
met	ha	”
metem	havem (o hem)	”
meteu	haveu (o heu)	”
meten	han	”

Pretèrit imperfet	*Pret. plusquamperfet*	
metia	havia	mes
meties	havies	”
metia	havia	”
metíem	havíem	”
metíeu	havíeu	”
metien	havien	”

Pretèrit perfet	*Pretèrit anterior*	
metí	haguí (o vaig haver)	mes
meteres	hagueres (o vas haver)	”
meté	hagué (o va haver)	”
metérem	haguérem (o vam haver)	”
metéreu	haguéreu (o vau haver)	”
meteren	hagueren (o van haver)	”

I també:
vaig metre, etc.

Futur simple	*Futur compost*	
metré	hauré	mes
metràs	hauràs	”
metrà	haurà	”
metrem	haurem	”
metreu	haureu	”
metran	hauran	”

CONDICIONAL

Simple	*Compost*	
metria	hauria (o haguera)	mes
metries	hauries (o hagueres)	”
metria	hauria (o haguera)	”
metríem	hauríem (o haguérem)	”
metríeu	hauríeu (o haguéreu)	”
metrien	haurien (o hagueren)	”

SUBJUNTIU

Present	*Pretèrit perfet*	
meti	hagi	mes
metis	hagis	”
meti	hagi	”
metem	hàgim	”
meteu	hàgiu	”
metin	hagin	”

Pretèrit imperfet	*Pret. plusquamperfet*	
metés	hagués	mes
metessis	haguessis	”
metés	hagués	”
metéssim	haguéssim	”
metéssiu	haguéssiu	”
metessin	haguessin	”

IMPERATIU

met
meti
metem
meteu
metin

INFINITIU

Present: metre
Passat: haver mes

GERUNDI

Present: metent
Passat: havent mes

PARTICIPI

mes, mesa
mesos, meses

INDICATIU

Present	*Pretèrit indefinit*	
molc	he	mòlt
mols	has	”
mol	ha	”
molem	havem (o hem)	”
moleu	haveu (o heu)	”
molen	han	”

Pretèrit imperfet	*Pret. plusquamperfet*	
molia	havia	mòlt
molies	havies	”
molia	havia	”
molíem	havíem	”
molíeu	havíeu	”
molien	havien	”

Pretèrit perfet	*Pretèrit anterior*	
molguí	haguí (o vaig haver)	mòlt
molgueres	hagueres (o vas haver)	”
molgué	hagué (o va haver)	”
molguérem	haguérem (o vam haver)	”
molguéreu	haguéreu (o vau haver)	”
molgueren	hagueren (o van haver)	”
I també:		
vaig moldre, etc.		

Futur simple	*Futur compost*	
moldré	hauré	mòlt
moldràs	hauràs	”
moldrà	haurà	”
moldrem	haurem	”
moldreu	haureu	”
moldran	hauran	”

CONDICIONAL

Simple	*Compost*	
moldria	hauria (o haguera)	mòlt
moldries	hauries (o hagueres)	”
moldria	hauria (o haguera)	”
moldríem	hauríem (o haguérem)	”
moldríeu	hauríeu (o haguéreu)	”
moldrien	haurien (o hagueren)	”

SUBJUNTIU

Present	*Pretèrit perfet*	
molgui	hagi	mòlt
molguis	hagis	”
molgui	hagi	”
molguem	hàgim	”
molgueu	hàgiu	”
molguin	hagin	”

Pretèrit imperfet	*Pret. plusquamperfet*	
molgués	hagués	mòlt
molguessis	haguessis	”
molgués	hagués	”
molguéssim	haguéssim	”
molguéssiu	haguéssiu	”
molguessin	haguessin	”

IMPERATIU

mol
molgui
molguem
moleu
molguin

INFINITIU

Present: moldre
Passat: haver mòlt

GERUNDI

Present: molent
Passat: havent mòlt

PARTICIPI

mòlt, mòlta
mòlts, mòltes

INDICATIU

Present	*Pretèrit indefinit*
moro	he mort
mors	has ”
mor	ha ”
morim	havem (o hem) ”
moriu	haveu (o heu) ”
moren	han ”

Pretèrit imperfet	*Pret. plusquamperfet*
moria	havia mort
mories	havies ”
moria	havia ”
moríem	havíem ”
moríeu	havíeu ”
morien	havien ”

Pretèrit perfet	*Pretèrit anterior*
morí	haguí (o vaig haver) mort
morires	hagueres (o vas haver) ”
morí	hagué (o va haver) ”
morírem	haguérem (o vam haver) ”
moríreu	haguéreu (o vau haver) ”
moriren	hagueren (o van haver) ”

I també:
vaig morir, etc.

Futur simple	*Futur compost*
moriré	hauré mort
moriràs	hauràs ”
morirà	haurà ”
morirem	haurem ”
morireu	haureu ”
moriran	hauran ”

CONDICIONAL

Simple
moriria
moriries
moriria
moriríem
moriríeu
moririen

Compost
hauria (o haguera) mort
hauries (o hagueres) ”
hauria (o haguera) ”
hauríem (o haguérem) ”
hauríeu (o haguéreu) ”
haurien (o hagueren) ”

SUBJUNTIU

Present
mori
moris
mori
morim
moriu
morin

Pretèrit perfet
hagi mort
hagis ”
hagi ”
hàgim ”
hàgiu ”
hagin ”

Pretèrit imperfet
morís
morissis
morís
moríssim
moríssiu
morissin

Pret. plusquamperfet
hagués mort
haguessis ”
hagués ”
haguéssim ”
haguéssiu ”
haguessin ”

IMPERATIU

mor
mori
morim
moriu
morin

INFINITIU

Present: morir
Passat: haver mort

GERUNDI

Present: morint
Passat: havent mort

PARTICIPI

mort, morta
morts, mortes

INDICATIU

Present	*Pretèrit indefinit*
moc	he mogut
mous	has "
mou	ha "
movem	havem (o hem) "
moveu	haveu (o heu) "
mouen	han "

Pretèrit imperfet	*Pret. plusquamperfet*
movia	havia mogut
movies	havies "
movia	havia "
movíem	havíem "
movíeu	havíeu "
movien	havien "

Pretèrit perfet	*Pretèrit anterior*
moguí	haguí (o vaig haver) mogut
mogueres	hagueres (o vas haver) "
mogué	hagué (o va haver) "
moguérem	haguérem (o vam haver) "
moguéreu	haguéreu (o vau haver) "
mogueren	hagueren (o van haver) "

I també:
vaig moure, etc.

Futur simple	*Futur compost*
mouré	hauré mogut
mouràs	hauràs "
mourà	haurà "
mourem	haurem "
moureu	haureu "
mouran	hauran "

CONDICIONAL

Simple	*Compost*	
mouria	hauria (o haguera)	mogut
mouries	hauries (o hagueres)	”
mouria	hauria (o haguera)	”
mouríem	hauríem (o haguérem)	”
mouríeu	hauríeu (o haguéreu)	”
mourien	haurien (o hagueren)	”

SUBJUNTIU

Present	*Pretèrit perfet*	
mogui	hagi	mogut
moguis	hagis	”
mogui	hagi	”
moguem	hàgim	”
mogueu	hàgiu	”
moguin	hagin	”

Pretèrit imperfet	*Pret. plusquamperfet*	
mogués	hagués	mogut
moguessis	haguessis	”
mogués	hagués	”
moguéssim	haguéssim	”
moguéssiu	haguéssiu	”
moguessin	haguessin	”

IMPERATIU

mou
mogui
moguem
moveu
moguin

GERUNDI

Present: movent
Passat: havent mogut

INFINITIU

Present: moure
Passat: haver mogut

PARTICIPI

mogut, moguda
moguts, mogudes

INDICATIU

Present	*Pretèrit indefinit*
munyo	he munyit
munys	has ”
muny	ha ”
munyim	havem (o hem) ”
munyiu	haveu (o heu) ”
munyen	han ”

Pretèrit imperfet	*Pret. plusquamperfet*
munyia	havia munyit
munyies	havies ”
munyia	havia ”
munyíem	havíem ”
munyíeu	havíeu ”
munyien	havien ”

Pretèrit perfet	*Pretèrit anterior*
munyí	haguí (o vaig haver) munyit
munyires	hagueres (o vas haver) ”
munyí	hagué (o va haver) ”
munyírem	haguérem (o vam haver) ”
munyíreu	haguéreu (o vau haver) ”
munyiren	hagueren (o van haver) ”

I també:
vaig munyir, etc.

Futur simple	*Futur compost*
munyiré	hauré munyit
munyiràs	hauràs ”
munyirà	haurà ”
munyirem	haurem ”
munyireu	haureu ”
munyiran	hauran ”

CONDICIONAL

Simple	*Compost*	
munyiria	hauria (o haguera)	munyit
munyiries	hauries (o hagueres)	”
munyiria	hauria (o haguera)	”
munyiríem	hauríem (o haguérem)	”
munyiríeu	hauríeu (o haguéreu)	”
munyirien	haurien (o hagueren)	”

SUBJUNTIU

Present	*Pretèrit perfet*	
munyi	hagi	munyit
munyis	hagis	”
munyi	hagi	”
munyim	hàgim	”
munyiu	hàgiu	”
munyin	hagin	”

Pretèrit imperfet	*Pret. plusquamperfet*	
munyís	hagués	munyit
munyissis	haguessis	”
munyís	hagués	”
munyíssim	haguéssim	”
munyíssiu	haguéssiu	”
munyissin	haguessin	”

IMPERATIU

muny
munyi
munyim
munyiu
munyin

GERUNDI

Present: munyint
Passat: havent munyit

INFINITIU

Present: munyir
Passat: haver munyit

PARTICIPI

munyit, munyida
munyits, munyides

INDICATIU

Present	*Pretèrit indefinit*	
neixo (o naixo)	he	nascut
neixes (o naixes)	has	”
neix (o naix)	ha	”
naixem	havem (o hem)	”
naixeu	haveu (o heu)	”
neixen (o naixen)	han	”

Pretèrit imperfet	*Pret. plusquamperfet*	
naixia	havia	nascut
naixies	havies	”
naixia	havia	”
naixíem	havíem	”
naixíeu	havíeu	”
naixien	havien	”

Pretèrit perfet	*Pretèrit anterior*	
naixí (o nasquí)	haguí (o vaig haver)	nascut
naixeres (o nasqueres)	hagueres (o vas haver)	”
naixé (o nasqué)	hagué (o va haver)	”
naixérem (o nasquérem)	haguérem (o vam haver)	”
naixéreu (o nasquéreu)	haguéreu (o vau haver)	”
naixeren (o nasqueren)	hagueren (o van haver)	”

I també:
vaig néixer (nàixer), etc.

Futur simple	*Futur compost*	
naixeré	hauré	nascut
naixeràs	hauràs	”
naixerà	haurà	”
naixerem	haurem	”
naixereu	haureu	”
naixeran	hauran	”

CONDICIONAL

Simple	*Compost*	
naixeria	hauria (o haguera)	nascut
naixeries	hauries (o hagueres)	"
naixeria	hauria (o haguera)	"
naixeríem	hauríem (o haguérem)	"
naixeríeu	hauríeu (o haguéreu)	"
naixerien	haurien (o hagueren)	"

SUBJUNTIU

Present	*Pretèrit perfet*	
neixi (o naixi)	hagi	nascut
neixis (o naixis)	hagis	"
neixi (o naixi)	hagi	"
naixem (o nasquem)	hàgim	"
naixeu (o nasqueu)	hàgiu	"
neixin (o naixin)	hagin	"

Pretèrit imperfet	*Pret. plusquamperfet*	
naixés (o nasqués)	hagués	nascut
naixessis (o nasquessis)	haguessis	"
naixés (o nasqués)	hagués	"
naixéssim (o nasquéssim)	haguéssim	"
naixéssiu (o nasquéssiu)	haguéssiu	"
naixessin (o nasquessin)	haguessin	"

IMPERATIU

neix (o naix)
neixi (o naixi)
naixem (o nasquem)
naixeu
neixin (o naixin)

INFINITIU

Present: néixer (o nàixer)
Passat: haver nascut

GERUNDI

Present: naixent
Passat: havent nascut

PARTICIPI

nascut, nascuda
nascuts, nascudes
(*amb el verb ésser:* nat)

INDICATIU

Present	*Pretèrit indefinit*
noc	he nogut
nous	has "
nou	ha "
noem	havem (o hem) "
noeu	haveu (o heu) "
nouen	han "

Pretèrit imperfet	*Pret. plusquamperfet*
noïa	havia nogut
noïes	havies "
noïa	havia "
noíem	havíem "
noíeu	havíeu "
noïen	havien "

Pretèrit perfet	*Pretèrit anterior*
noguí	haguí (o vaig haver) nogut
nogueres	hagueres (o vas haver) "
nogué	hagué (o va haver) "
noguérem	haguérem (o vam haver) "
noguéreu	haguéreu (o vau haver) "
nogueren	hagueren (o van haver) "

I també:
vaig noure, etc.

Futur simple	*Futur compost*
nouré	hauré nogut
nouràs	hauràs "
nourà	haurà "
nourem	haurem "
noureu	haureu "
nouran	hauran "

CONDICIONAL

Simple	*Compost*
nouria	hauria (o haguera) nogut
nouries	hauries (o hagueres) ”
nouria	hauria (o haguera) ”
nouríem	hauríem (o haguérem) ”
nouríeu	hauríeu (o haguéreu) ”
nourien	haurien (o hagueren) ”

SUBJUNTIU

Present	*Pretèrit perfet*
nogui	hagi nogut
noguis	hagis ”
nogui	hagi ”
noguem	hàgim ”
nogueu	hàgiu ”
noguin	hagin ”

Pretèrit imperfet	*Pret. plusquamperfet*
nogués	hagués nogut
noguessis	haguessis ”
nogués	hagués ”
noguéssim	haguéssim ”
noguéssiu	haguéssiu ”
noguessin	haguessin ”

IMPERATIU

nou
nogui
noguem
noeu
noguin

INFINITIU

Present: noure
Passat: haver nogut

GERUNDI

Present: noent
Passat: havent nogut

PARTICIPI

nogut, noguda
noguts, nogudes

INDICATIU

Present	*Pretèrit indefinit*
obliquo	he obliquat
obliqües	has "
obliqua	ha "
obliqüem	havem (o hem) "
obliqüeu	haveu (o heu) "
obliqüen	han "

Pretèrit imperfet	*Pret. plusquamperfet*
obliquava	havia obliquat
obliquaves	havies "
obliquava	havia "
obliquàvem	havíem "
obliquàveu	havíeu "
obliquaven	havien "

Pretèrit perfet	*Pretèrit anterior*
obliqüí	haguí (o vaig haver) obliquat
obliquares	hagueres (o vas haver) "
obliquà	hagué (o va haver) "
obliquàrem	haguérem (o vam haver) "
obliquàreu	haguéreu (o vau haver) "
obliquaren	hagueren (o van haver) "
I també:	
vaig obliquar, etc.	

Futur simple	*Futur compost*
obliquaré	hauré obliquat
obliquaràs	hauràs "
obliquarà	haurà "
obliquarem	haurem "
obliquareu	haureu "
obliquaran	hauran "

CONDICIONAL

Simple	*Compost*
obliquaria	hauria (o haguera) obliquat
obliquaries	hauries (o hagueres) ”
obliquaria	hauria (o haguera) ”
obliquaríem	hauríem (o haguérem) ”
obliquaríeu	hauríeu (o haguéreu) ”
obliquarien	haurien (o hagueren) ”

SUBJUNTIU

Present	*Pretèrit perfet*
obliqüi	hagi obliquat
obliqüis	hagis ”
obliqüi	hagi ”
obliqüem	hàgim ”
obliqüeu	hàgiu ”
obliqüin	hagin ”

Pretèrit imperfet	*Pret. plusquamperfet*
obliqüés	hagués obliquat
obliqüessis	haguessis ”
obliqüés	hagués ”
obliqüéssim	haguéssim ”
obliqüéssiu	haguéssiu ”
obliqüessin	haguessin ”

IMPERATIU

obliqua
obliqüi
obliqüem
obliqüeu
obliqüin

INFINITIU

Present: obliquar
Passat: haver obliquat

GERUNDI

Present: obliquant
Passat: havent obliquat

PARTICIPI

obliquat, obliquada
obliquats, obliquades

INDICATIU

Present
obro
obres
obre
obrim
obriu
obren

Pretèrit indefinit
he obert
has ”
ha ”
havem (o hem) ”
haveu (o heu) ”
han ”

Pretèrit imperfet
obria
obries
obria
obríem
obríeu
obrien

Pret. plusquamperfet
havia obert
havies ”
havia ”
havíem ”
havíeu ”
havien ”

Pretèrit perfet
obrí
obrires
obrí
obrírem
obríreu
obriren

I també:
vaig obrir, etc.

Pretèrit anterior
haguí (o vaig haver) obert
hagueres (o vas haver) ”
hagué (o va haver) ”
haguérem (o vam haver) “
haguéreu (o vau haver) ”
hagueren (o van haver) ”

Futur simple
obriré
obriràs
obrirà
obrirem
obrireu
obriran

Futur compost
hauré obert
hauràs ”
haurà ”
haurem ”
haureu ”
hauran ”

CONDICIONAL

Simple	*Compost*	
obriria	hauria (o haguera)	obert
obriries	hauries (o hagueres)	”
obriria	hauria (o haguera)	”
obriríem	hauríem (o haguérem)	”
obriríeu	hauríeu (o haguéreu)	”
obririen	haurien (o hagueren)	”

SUBJUNTIU

Present	*Pretèrit perfet*	
obri	hagi	obert
obris	hagis	”
obri	hagi	”
obrim	hàgim	”
obriu	hàgiu	”
obrin	hagin	”

Pretèrit imperfet	*Pret. plusquamperfet*	
obrís	hagués	obert
obrissis	haguessis	”
obrís	hagués	”
obríssim	haguéssim	”
obríssiu	haguéssiu	”
obrissin	haguessin	”

IMPERATIU

obre
obri
obrim
obriu
obrin

INFINITIU

Present: obrir
Passat: haver obert

GERUNDI

Present: obrint
Passat: havent obert

PARTICIPI

obert, oberta
oberts, obertes

166 OBTENIR

INDICATIU

Present
obtinc
obtens
obté
obtenim
obteniu
obtenen

Pretèrit indefinit
he obtingut
has "
ha "
havem (o hem) "
haveu (o heu) "
han "

Prtèrit imperfet
obtenia
obtenies
obtenia
obteníem
obteníeu
obtenien

Pret. plusquamperfet
havia obtingut
havies "
havia "
havíem "
havíeu "
havien "

Pretèrit perfet
obtinguí
obtingueres
obtingué
obtinguérem
obtinguéreu
obtingueren
I també:
vaig obtenir, etc.

Pretèrit anterior
haguí (o vaig haver) obtingut
hagueres (o vas haver) "
hagué (o va haver) "
haguérem (o vam haver) "
haguéreu (o vau haver) "
hagueren (o van haver) "

Futur simple
obtindré
obtindràs
obtindrà
obtindrem
obtindreu
obtindran

Futur compost
hauré obtingut
hauràs "
haurà "
haurem "
haureu "
hauran "

CONDICIONAL

Simple	*Compost*
obtindria	hauria (o haguera) obtingut
obtindries	hauries (o hagueres) "
obtindria	hauria (o haguera) "
obtindríem	hauríem (o haguérem) "
obtindríeu	hauríeu (o haguéreu) "
obtindrien	haurien (o hagueren) "

SUBJUNTIU

Present	*Pretèrit perfet*
obtingui	hagi obtingut
obtinguis	hagis "
obtingui	hagi "
obtinguem	hàgim "
obtingueu	hàgiu "
obtinguin	hagin "

Pretèrit imperfet	*Pret. plusquamperfet*
obtingués	hagués obtingut
obtinguessis	haguessis "
obtingués	hagués "
obtinguéssim	haguéssim "
obtinguéssiu	haguéssiu "
obtinguessin	haguessin "

IMPERATIU

obtén o obtingues
obtingui
obtinguem
obteniu o obtingueu
obtinguin

INFINITIU

Present: obtenir
Passat: haver obtingut

GERUNDI

Present: obtenint
Passat: havent obtingut

PARTICIPI

obtingut, obtinguda
obtinguts, obtingudes

INDICATIU

Present
oeixo
oeixes (o ous)
oeix (o ou)
oïm
oïu
oeixen (o ouen)

Pretèrit indefinit
he oït
has ”
ha ”
havem (o hem) ”
haveu (o heu) ”
han ”

Pretèrit imperfet
oïa
oïes
oïa
oíem
oíeu
oïen

Pret. plusquamperfet
havia oït
havies ”
havia ”
havíem ”
havíeu ”
havien ”

Pretèrit perfet
oí
oïres
oí
oírem
oíreu
oïren
I també:
vaig oir, etc.

Pretèrit anterior
haguí (o vaig haver) oït
hagueres (o vas haver) ”
hagué (o va haver) ”
haguérem (o vam haver) ”
haguéreu (o vau haver) ”
hagueren (o van haver) ”

Futur simple
oiré
oiràs
oirà
oirem
oireu
oiran

Futur compost
hauré oït
hauràs ”
haurà ”
haurem ”
haureu ”
hauran ”

CONDICIONAL

Simple	*Compost*
oiria	hauria (o haguera) oït
oiries	hauries (o hagueres) "
oiria	hauria (o haguera) "
oiríem	hauríem (o haguérem)"
oiríeu	hauríeu (o haguéreu) "
oirien	haurien (o hagueren) "

SUBJUNTIU

Present	*Pretèrit perfet*
oeixi	hagi oït
oeixis	hagis "
oeixi	hagi "
oïm	hàgim "
oïu	hàgiu "
oeixin	hagin "

Pretèrit imperfet	*Pret. plusquamperfet*
oís	hagués oït
oïssis	haguessis "
oís	hagués "
oíssim	haguéssim "
oíssiu	haguéssiu '
oïssin	haguessin "

IMPERATIU

oeix
oeixi
oïm
oïu
oeixin

INFINITIU

Present: oir
Passat: haver oït

GERUNDI

Present: oint
Passat: havent oït

PARTICIPI

oït, oïda
oïts, oïdes

INDICATIU

Present	*Pretèrit indefinit*	
omplo	he	omplert
omples	has	”
omple	ha	”
omplim	havem (o hem)	”
ompliu	haveu (o heu)	”
omplen	han	”

Pretèrit imperfet	*Pret. plusquamperfet*	
omplia	havia	omplert
omplies	havies	”
omplia	havia	”
omplíem	havíem	”
omplíeu	havíeu	”
omplien	havien	”

Pretèrit perfet	*Pretèrit anterior*	
omplí	haguí (o vaig haver)	omplert
omplires	hagueres (o vas haver)	”
omplí	hagué (o va haver)	”
omplírem	haguérem (o vam haver)	”
omplíreu	haguéreu (o vau haver)	”
ompliren	hagueren (o van haver)	”

I també:
vaig omplir, etc.

Futur simple	*Futur compost*	
ompliré	hauré	omplert
ompliràs	hauràs	”
omplirà	haurà	”
omplirem	haurem	”
omplireu	haureu	”
ompliran	hauran	”

CONDICIONAL

Simple	*Compost*
ompliria	hauria (o haguera) omplert
ompliries	hauries (o hagueres) "
ompliria	hauria (o haguera) "
ompliríem	hauríem (o haguérem) "
ompliríeu	hauríeu (o haguéreu) "
omplirien	haurien (o hagueren) "

SUBJUNTIU

Present	*Pretèrit perfet*
ompli	hagi omplert
omplis	hagis "
ompli	hagi "
omplim	hàgim "
ompliu	hàgiu "
omplin	hagin "

Pretèrit imperfet	*Pret. plusquamperfet*
omplís	hagués omplert
omplissis	haguessis "
omplís	hagués "
omplíssim	haguéssim "
omplíssiu	haguéssiu "
omplissin	haguessin "

IMPERATIU

omple
ompli
omplim
ompliu
omplin

INFINITIU

Present: omplir
Passat: haver omplert

GERUNDI

Present: omplint
Passat: havent omplert

PARTICIPI

omplert, omplerta
omplerts, omplertes

INDICATIU

Present	*Pretèrit indefinit*
pat**eixo**	he patit
pat**eixes**	has ”
pat**eix**	ha ”
pat**im**	havem (o hem) ”
pat**iu**	haveu (o heu) ”
pat**eixen**	han ”

Pretèrit imperfet	*Pret. plusquamperfet*
pat**ia**	havia patit
pat**ies**	havies ”
pat**ia**	havia ”
pat**íem**	havíem ”
pat**íeu**	havíeu ”
pat**ien**	havien ”

Pretèrit perfet	*Pretèrit anterior*
pat**í**	haguí (o vaig haver) patit
pat**ires**	hagueres (o vas haver)
pat**í**	hagué (o va haver)
pat**írem**	haguérem (o vam haver)
pat**íreu**	haguéreu (o vau haver)
pat**iren**	hagueren (o van haver)

I també:
vaig patir, etc.

Futur simple	*Futur compost*
pat**iré**	hauré patit
pat**iràs**	hauràs ”
pat**irà**	haurà ”
pat**irem**	haurem ”
pat**ireu**	haureu ”
pat**iran**	hauran ”

*Aquest verb model porta la desinència assenyalada amb negreta

CONDICIONAL

Simple	*Compost*
patiria	hauria (o haguera) patit
patiries	hauries (o hagueres) "
patiria	hauria (o haguera) "
patiríem	hauríem (o haguérem) "
patiríeu	hauríeu (o haguéreu) "
patirien	haurien (o hagueren) "

SUBJUNTIU

Present	*Pretèrit perfet*
pateixi	hagi patit
pateixis	hagis "
pateixi	hagi "
patim	hàgim "
patiu	hàgiu "
pateixin	hagin "

Pretèrit imperfet	*Pret. plusquamperfet*
patís	hagués patit
patissis	haguessis "
patís	hagués "
patíssim	haguéssim "
patíssiu	haguéssiu "
patissin	haguessin "

IMPERATIU

pateix
pateixi
patim
patiu
pateixin

INFINITIU

Present: patir
Passat: haver patit

GERUNDI

Present: patint
Passat: havent patit

PARTICIPI

patit, patida
patits, patides

INDICATIU

Present	*Pretèrit indefinit*
peixo	he pascut
peixes	has "
peix	ha "
peixem	havem (o hem) "
peixeu	haveu (o heu) "
peixen	han "

Pretèrit imperfet	*Pret. plusquamperfet*
peixia	havia pascut
peixies	havies "
peixia	havia "
peixíem	havíem "
peixíeu	havíeu "
peixien	havien "

Pretèrit perfet	*Pretèrit anterior*
peixí	haguí (o vaig haver) pascut
peixeres	hagueres (o vas haver) "
peixé	hagué (o va haver) "
peixérem	haguérem (o vam haver) "
peixéreu	haguéreu (o vau haver) "
peixeren	hagueren (o van haver) "

I també:
vaig péixer, etc.

Futur simple	*Futur compost*
peixeré	hauré pascut
peixeràs	hauràs "
peixerà	haurà "
peixerem	haurem "
peixereu	haureu "
peixeran	hauran "

CONDICIONAL

Simple	*Compost*
peixeria	hauria (o haguera) pascut
peixeries	hauries (o hagueres) "
peixeria	hauria (o haguera) "
peixeríem	hauríem (o haguérem) "
peixeríeu	hauríeu (o haguéreu) "
peixerien	haurien (o hagueren) "

SUBJUNTIU

Present	*Pretèrit perfet*
peixi	hagi pascut
peixis	hagis "
peixi	hagi "
peixem	hàgim "
peixeu	hàgiu "
peixin	hagin "

Pretèrit imperfet	*Pret. plusquamperfet*
peixés	hagués pascut
peixessis	haguessis "
peixés	hagués "
peixéssim	haguéssim "
peixéssiu	haguéssiu "
peixessin	haguessin "

IMPERATIU

peix
peixi
peixem
peixeu
peixin

INFINITIU

Present: péixer
Passat: haver pascut

GERUNDI

Present: peixent
Passat: havent pascut

PARTICIPI

pascut, pascuda
pascuts, pascudes
(o past, pasta
pasts o pastos, pastes)

INDICATIU

Present	*Pretèrit indefinit*
perdo	he perdut
perds	has ”
perd	ha ”
perdem	havem (o hem) ”
perdeu	haveu (o heu) ”
perden	han ”

Pretèrit imperfet	*Pret. plusquamperfet*
perdia	havia perdut
perdies	havies ”
perdia	havia ”
perdíem	havíem ”
perdíeu	havíeu ”
perdien	havien ”

Pretèrit perfet	*Pretèrit anterior*
perdí	haguí (o vaig haver) perdut
perderes	hagueres (o vas haver) ”
perdé	hagué (o va haver) ”
perdérem	haguérem (ovam haver) ”
perdéreu	haguéreu (o vau haver) ”
perderen	hagueren (o van haver) ”

I també:
vaig perdre, etc.

Futur simple	*Futur compost*
perdré	hauré perdut
perdràs	hauràs ”
perdrà	haurà ”
perdrem	haurem ”
perdreu	haureu ”
perdran	hauran ”

CONDICIONAL

Simple	*Compost*
perdria	hauria (o haguera) perdut
perdries	hauries (o hagueres) "
perdria	hauria (o haguera) "
perdríem	hauríem (o haguérem) "
perdríeu	hauríeu (o haguéreu) "
perdrien	haurien (o hagueren) "

SUBJUNTIU

Present	*Pretèrit perfet*
perdi	hagi perdut
perdis	hagis "
perdi	hagi "
perdem	hàgim "
perdeu	hàgiu "
perdin	hagin "

Pretèrit imperfet	*Pret. plusquamperfet*
perdés	hagués perdut
perdessis	haguessis "
perdés	hagués "
perdéssim	haguéssim "
perdéssiu	haguéssiu "
perdessin	haguessin "

IMPERATIU

perd
perdi
perdem
perdeu
perdin

INFINITIU

Present: perdre
Passat: haver perdut

GERUNDI

Present: perdent
Passat: havent perdut

PARTICIPI

perdut, perduda
perduts, perdudes

INDICATIU

Present	*Pretèrit indefinit*	
pertanyo	he	pertangut
pertanys	has	"
pertany	ha	"
pertanyem	havem (o hem)	"
pertanyeu	haveu (o heu)	"
pertanyen	han	"

Pretèrit imperfet	*Pret. plusquamperfet*	
pertanyia	havia	pertangut
pertanyies	havies	"
pertanyia	havia	"
pertanyíem	havíem	"
pertanyíeu	havíeu	"
pertanyien	havien	"

Pretèrit perfet	*Pretèrit anterior*	
pertanyí	haguí (o vaig haver)	pertangut
pertanyeres	hagueres (o vas haver)	"
pertanyé	hagué (o va haver)	"
pertanyérem	haguérem (o vam haver)	"
pertanyéreu	haguéreu (o vau haver)	"
pertanyeren	hagueren (o van haver)	"

I també:
vaig pertànyer, etc.

Futur simple	*Futur compost*	
pertanyeré	hauré	pertangut
pertanyeràs	hauràs	"
pertanyerà	haurà	"
pertanyerem	haurem	"
pertanyereu	haureu	"
pertanyeran	hauran	"

CONDICIONAL

Simple	*Compost*
pertanyeria	hauria (o haguera) pertangut
pertanyeries	hauries (o hagueres) ”
pertanyeria	hauria (o haguera) ”
pertanyeríem	hauríem (o haguérem) “
pertanyeríeu	hauríeu (o haguéreu) ”
pertanyerien	haurien (o hagueren) ”

SUBJUNTIU

Present	*Pretèrit perfet*
pertanyi	hagi pertangut
pertanyis	hagis ”
pertanyi	hagi ”
pertanyem	hàgim ”
pertanyeu	hàgiu ”
pertanyin	hagin ”

Pretèrit imperfet	*Pret. plusquamperfet*
pertanyés	hagués pertangut
pertanyessis	haguessis ”
pertanyés	hagués ”
pertanyéssim	haguéssim ”
pertanyéssiu	haguéssiu ”
pertanyessin	haguessin ”

IMPERATIU

pertany
pertanyi
pertanyem
pertanyeu
pertanyin

INFINITIU

Present: pertànyer
Passat: haver pertangut

GERUNDI

Present: pertanyent
Passat: havent pertangut

PARTICIPI

pertangut, pertanguda
pertanguts, pertangudes
(o pertanyut, etc.)

INDICATIU

Present	*Pretèrit indefinit*
argüeixo	he argüit
argüeixes	has "
argüeix	ha "
argüim	havem (o hem) "
argüiu	haveu (o heu) "
argüeixen	han "

Pretèrit imperfet	*Pret. plusquamperfet*
argüia	havia argüit
argüies	havies "
argüia	havia "
argüíem	havíem "
argüíeu	havíeu "
argüien	havien "

Pretèrit perfet	*Pretèrit anterior*
argüí	haguí (o vaig haver) argüit
argüires	hagueres (o vas haver) "
argüí	hagué (o va haver) "
argüírem	haguérem (o vam haver) "
argüíreu	haguéreu (o vau haver) "
argüiren	hagueren (o van haver) "
I també:	
vaig argüir, etc.	

Futur simple	*Futur compost*
argüiré	hauré argüit
argüiràs	hauràs "
argüirà	haurà "
argüirem	haurem "
argüireu	haureu "
argüiran	hauran "

CONDICIONAL

Simple	*Compost*
argüiria	hauria (o haguera) argüit
argüiries	hauries (o hagueres) "
argüiria	hauria (o haguera) "
argüiríem	hauríem (o haguérem) "
argüiríeu	hauríeu (o haguéreu) "
argüirien	haurien (o hagueren) "

SUBJUNTIU

Present	*Pretèrit perfet*
argüeixi	hagi argüit
argüeixis	hagis "
argüeixi	hagi "
argüim	hàgim "
argüiu	hàgiu "
argüeixin	hagin "

Pretèrit imperfet	*Pret. plusquamperfet*
argüís	hagués argüit
argüissis	haguessis "
argüís	hagués "
argüíssim	haguéssim "
argüíssiu	haguéssiu "
argüissin	haguessin "

IMPERATIU

argüeix
argüeixi
argüim
argüiu
argüeixin

INFINITIU

Present: argüir
Passat: haver argüit

GERUNDI

Present: argüint
Passat: havent argüit

PARTICIPI

argüit, argüida
argüits, argüides

INDICATIU

Present	*Pretèrit indefinit*	
puc	he	pogut
pots	has	”
pot	ha	”
podem	havem (o hem)	”
podeu	haveu (o heu)	”
poden	han	”

Pretèrit imperfet	*Pret. plusquamperfet*	
podia	havia	pogut
podies	havies	”
podia	havia	”
podíem	havíem	”
podíeu	havíeu	”
podien	havien	”

Pretèrit perfet	*Pretèrit anterior*	
poguí	haguí (o vaig haver)	pogut
pogueres	hagueres (o vas haver)	”
pogué	hagué (o va haver)	”
poguérem	haguérem (o vam haver)	”
poguéreu	haguéreu (o vau haver)	”
pogueren	hagueren (o van haver)	”

I també:
vaig poder, etc.

Futur simple	*Futur compost*	
podré	hauré	pogut
podràs	hauràs	”
podrà	haurà	”
podrem	haurem	”
podreu	haureu	”
podran	hauran	”

CONDICIONAL

Simple	*Compost*	
podria	hauria (o haguera)	pogut
podries	hauries (o hagueres)	”
podria	hauria (o haguera)	”
podríem	hauríem (o haguérem)	”
podríeu	hauríeu (o haguéreu)	”
podrien	haurien (o hagueren)	”

SUBJUNTIU

Present	*Pretèrit perfet*	
pugui	hagi	pogut
puguis	hagis	”
pugui	hagi	”
puguem	hàgim	”
pugueu	hàgiu	”
puguin	hagin	”

Pretèrit imperfet	*Pret. plusquamperfet*	
pogués	hagués	pogut
poguessis	haguessis	”
pogués	hagués	”
poguéssim	haguéssim	”
poguéssiu	haguéssiu	”
poguessin	haguessin	”

IMPERATIU

pugues
pugui
puguem
pugueu
puguin

INFINITIU

Present: poder
Passat: haver pogut

GERUNDI

Present: podent
Passat: havent pogut

PARTICIPI

pogut, poguda
poguts, pogudes

INDICATIU

Present	*Pretèrit indefinit*
prego	he pregat
pregues	has "
prega	ha "
preguem	havem (o hem) "
pregueu	haveu (o heu) "
preguen	han "

Pretèrit imperfet	*Pret. plusquamperfet*
pregava	havia pregat
pregaves	havies "
pregava	havia "
pregàvem	havíem "
pregàveu	havíeu "
pregaven	havien "

Pretèrit perfet	*Pretèrit anterior*
preguí	haguí (o vaig haver) pregat
pregares	hagueres (o vas haver) "
pregà	hagué (o va haver) "
pregàrem	haguérem (o vam haver) "
pregàreu	haguéreu (o vau haver) "
pregaren	hagueren (o van haver) "
I també:	
vaig pregar, etc.	

Futur simple	*Futur compost*
pregaré	hauré pregat
pregaràs	hauràs "
pregarà	haurà "
pregarem	haurem "
pregareu	haureu "
pregaran	hauran "

CONDICIONAL

Simple	*Compost*
pregaria	hauria (o haguera) pregat
pregaries	hauries (o hagueres) "
pregaria	hauria (o haguera) "
pregaríem	hauríem (o haguérem) "
pregaríeu	hauríeu (o haguéreu) "
pregarien	haurien (o hagueren) "

SUBJUNTIU

Present	*Pretèrit perfet*
pregui	hagi pregat
preguis	hagis "
pregui	hagi "
preguem	hàgim "
pregueu	hàgiu "
preguin	hagin "

Pretèrit imperfet	*Pret. plusquamperfet*
pregués	hagués pregat
preguessis	haguessis "
pregués	hagués "
preguéssim	haguéssim "
preguéssiu	haguéssiu "
preguessin	haguessin "

IMPERATIU

prega
pregui
preguem
pregueu
preguin

INFINITIU

Present: pregar
Passat: haver pregat

GERUNDI

Present: pregant
Passat: havent pregat

PARTICIPI

pregat, pregada
pregats, pregades

INDICATIU

Present	*Pretèrit indefinit*	
prenc	he	pres
prens	has	"
pren	ha	"
prenem	havem (o hem)	"
preneu	haveu (o heu)	"
prenen	han	"

Pretèrit imperfet	*Pret. plusquamperfet*	
prenia	havia	pres
prenies	havies	"
prenia	havia	"
preníem	havíem	"
living	havíeu	"
prenien	havien	"

Pretèrit perfet	*Pretèrit anterior*	
prenguí	haguí (o vaig haver)	pres
prengueres	hagueres (o vas haver)	"
prengué	hagué (o va haver)	"
prenguérem	haguérem (o vam haver)	"
prenguéreu	haguéreu (o vau haver)	"
prengueren	hagueren (o van haver)	"

I també:
vaig prendre, etc

Futur simple	*Futur compost*	
prendré	hauré	pres
prendràs	hauràs	"
prendrà	haurà	"
prendrem	haurem	"
prendreu	haureu	"
prendran	hauran	"

CONDICIONAL

Simple	*Compost*	
prendria	hauria (o haguera)	pres
prendries	hauries (o hagueres)	”
prendria	hauria (o haguera)	”
prendríem	hauríem (o haguérem)	”
prendríeu	hauríeu (o haguéreu)	”
prendrien	haurien (o hagueren)	”

SUBJUNTIU

Present	*Pretèrit perfet*	
prengui	hagi	pres
prenguis	hagis	”
prengui	hagi	”
prenguem	hàgim	”
prengueu	hàgiu	”
prenguin	hagin	”

Pretèrit imperfet	*Pret. plusquamperfet*	
prengués	hagués	pres
prenguessis	haguessis	”
prengués	hagués	”
prenguéssim	haguéssim	”
prenguéssiu	haguéssiu	”
prenguessin	haguessin	”

IMPERATIU

pren
prengui
prenguem
preneu
prenguin

INFINITIU

Present: prendre
Passat: haver pres

GERUNDI

Present: prenent
Passat: havent pres

PARTICIPI

pres, presa
presos, preses

INDICATIU

Present	*Pretèrit indefinit*
pruo	he pruït
pruus	has "
pruu	ha "
pruïm	havem (o hem) "
pruïu	haveu (o heu) "
pruen	han "

Pretèrit imperfet	*Pret. plusquamperfet*
pruïa	havia pruït
pruïes	havies "
pruïa	havia "
pruíem	havíem "
pruíeu	havíeu "
pruïen	havien "

Pretèrit perfet	*Pretèrit anterior*
pruí	haguí (o vaig haver) pruït
pruïres	hagueres (o vas haver) "
pruí	hagué (o va haver) "
pruírem	haguérem (o vam haver) "
pruíreu	haguéreu (o vau haver) "
pruïren	hagueren (o van haver) "

I també:
vaig pruir, etc.

Futur simple	*Futur compost*
pruiré	hauré pruït
pruiràs	hauràs "
pruirà	haurà "
pruirem	haurem "
pruireu	haureu "
pruiran	hauran "

CONDICIONAL

Simple	*Compost*
pruiria	hauria (o haguera) pruït
pruiries	hauries (o hagueres) ”
pruiria	hauria (o haguera) ”
pruiríem	hauríem (o haguérem) ”
pruiríeu	hauríeu (o haguéreu) ”
pruirien	haurien (o hagueren) ”

SUBJUNTIU

Present	*Pretèrit perfet*
pruï	hagi pruït
pruïs	hagis ”
pruï	hagi ”
pruïm	hàgim ”
pruïu	hàgiu ”
pruïn	hagin ”

Pretèrit imperfet	*Pret. plusquamperfet*
pruís	hagués pruït
pruïssis	haguessis ”
pruís	hagués ”
pruíssim	haguéssim ”
pruíssiu	haguéssiu ”
pruïssin	haguessin ”

IMPERATIU

pruu
pruï
pruïm
pruïu
pruïn

INFINITIU

Present: pruir
Passat: haver pruït

GERUNDI

Present: pruint
Passat: havent pruït

PARTICIPI

pruït, pruïda
pruïts, pruïdes

INDICATIU

Present	*Pretèrit indefinit*	
pudo	he	pudit
puts	has	”
put	ha	”
pudim	havem (o hem)	”
pudiu	haveu (o heu)	”
puden	han	”

Pretèrit imperfet	*Pret. plusquamperfet*	
pudia	havia	pudit
pudies	havies	”
pudia	havia	”
pudíem	havíem	”
pudíeu	havíeu	”
pudien	havien	”

Pretèrit perfet	*Pretèrit anterior*	
pudí	haguí (o vaig haver)	pudit
pudires	hagueres (o vas haver)	”
pudí	hagué (o va haver)	”
pudírem	haguérem (o vam haver)	”
pudíreu	haguéreu (o vau haver)	”
pudiren	hagueren (o van haver)	”

I també:
vaig pudir, etc.

Futur simple	*Futur compost*	
pudiré	hauré	pudit
pudiràs	hauràs	”
pudirà	haurà	”
pudirem	haurem	”
pudireu	haureu	”
pudiran	hauran	”

CONDICIONAL

Simple	*Compost*
pudiria	hauria (o haguera) pudit
pudiries	hauries (o hagueres) ”
pudiria	hauria (o haguera) ”
pudiríem	hauríem (o haguérem) ”
pudiríeu	hauríeu (o haguéreu) ”
pudirien	haurien (o hagueren) ”

SUBJUNTIU

Present	*Pretèrit perfet*
pudi	hagi pudit
pudis	hagis ”
pudi	hagi ”
pudim	hàgim ”
pudiu	hàgiu ”
pudin	hagin ”

Pretèrit imperfet	*Pret. plusquamperfet*
pudís	hagués pudit
pudissis	haguessis ”
pudís	hagués ”
pudíssim	haguéssim ”
pudíssiu	haguéssiu ”
pudissin	haguessin ”

IMPERATIU

put
pudi
pudim
pudiu
pudin

INFINITIU

Present: pudir
Passat: haver pudit

GERUNDI

Present: pudint
Passat: havent pudit

PARTICIPI

pudit, pudida
pudits, pudides

INDICATIU

Present	*Pretèrit indefinit*
rac	he ras
raus	has "
rau	ha "
raem	havem (o hem) "
raeu	haveu (o heu) "
rauen	han "

Pretèrit imperfet	*Pret. plusquamperfet*
raïa	havia ras
raïes	havies "
raïa	havia "
raíem	havíem "
raíeu	havíeu "
raïen	havien "

Pretèrit perfet	*Pretèrit anterior*
raguí	haguí (o vaig haver) ras
ragueres	hagueres (o vas haver) "
ragué	hagué (o va haver) "
raguérem	haguérem (o vam haver) "
raguéreu	haguéreu (o vau haver) "
ragueren	hagueren (o van haver) "

I també:
vaig raure, etc.

Futur simple	*Futur compost*
rauré	hauré ras
rauràs	hauràs "
raurà	haurà "
raurem	haurem "
raureu	haureu "
rauran	hauran "

CONDICIONAL

Simple	*Compost*	
rauria	hauria (o haguera)	ras
rauries	hauries (o hagueres)	”
rauria	hauria (o haguera)	”
rauríem	hauríem (o haguérem)	”
rauríeu	hauríeu (o haguéreu)	”
raurien	haurien (o hagueren)	”

SUBJUNTIU

Present	*Pretèrit perfet*	
ragui	hagi	ras
raguis	hagis	”
ragui	hagi	”
raguem	hàgim	”
ragueu	hàgiu	”
raguin	hagin	”

Pretèrit imperfet	*Pret. plusquamperfet*	
ragués	hagués	ras
raguessis	haguessis	”
ragués	hagués	”
raguéssim	haguéssim	”
raguéssiu	haguéssiu	”
raguessin	haguessin	”

IMPERATIU

rau
ragui
raguem
raeu
raguin

INFINITIU

Present: raure
Passat: haver ras

GERUNDI

Present: raent
Passat: havent ras

PARTICIPI

ragut, raguda
raguts, ragudes
(o ras, rasa
rasos, rases)

INDICATIU

Present	*Pretèrit indefinit*	
previnc	he	previngut
prevens	has	”
prevé	ha	”
prevenim	havem (o hem)	”
preveniu	haveu (o heu)	”
prevenen	han	”

Pretèrit imperfet	*Pret. plusquamperfet*	
prevenia	havia	previngut
prevenies	havies	”
prevenia	havia	”
preveníem	havíem	”
preveníeu	havíeu	”
prevenien	havien	”

Pretèrit perfet	*Pretèrit anterior*	
previnguí	haguí (o vaig haver)	previngut
previngueres	hagueres (o vas haver)	”
previngué	hagué (o va haver)	”
previnguérem	haguérem (o vam haver)	”
previnguéreu	haguéreu (o vau haver)	”
previngueren	hagueren (o van haver)	”

I també:
vaig prevenir, etc.

Futur simple	*Futur compost*	
previndré	hauré	previngut
previndràs	hauràs	”
previndrà	haurà	”
previndrem	haurem	”
previndreu	haureu	”
previndran	hauran	”

CONDICIONAL

Simple	*Compost*	
previndria	hauria (o haguera)	previngut
previndries	hauries (o hagueres)	”
previndria	hauria (o haguera)	”
previndríem	hauríem (o haguérem)	”
previndríeu	hauríeu (o haguéreu)	”
previndrien	haurien (o hagueren)	”

SUBJUNTIU

Present	*Pretèrit perfet*	
previngui	hagi	previngut
previnguis	hagis	”
previngui	hagi	”
previnguem	hàgim	”
previngueu	hàgiu	”
previnguin	hagin	”
Pretèrit imperfet	*Pret. plusquamperfet*	
previngués	hagués	previngut
previnguessis	haguessis	”
previngués	hagués	”
previnguéssim	haguéssim	”
previnguéssiu	haguéssiu	”
previnguessin	haguessin	”

IMPERATIU

prevén*
previngui
previnguem
preveniu
previnguin

* El verb intervenir usa també intervé.

INFINITIU

Present: prevenir
Passat: haver previngut

GERUNDI

Present: prevenint
Passat: havent previngut

PARTICIPI

previngut, previnguda
previnguts, previngudes

INDICATIU

Present	*Pretèrit indefinit*
rebo	he rebut
reps	has "
rep	ha "
rebem	havem (o hem) "
rebeu	haveu (o heu) "
reben	han "

Pretèrit imperfet	*Pret. plusquamperfet*
rebia	havia rebut
rebies	havies "
rebia	havia "
rebíem	havíem "
rebíeu	havíeu "
rebien	havien "

Pretèrit perfet	*Pretèrit anterior*
rebí	haguí (o vaig haver) rebut
reberes	hagueres (o vas haver) "
rebé	hagué (o va haver) "
rebérem	haguérem (o vam haver) "
rebéreu	haguéreu (o vau haver) "
reberen	hagueren (o van haver) "

I també:
vaig rebre, etc.

Futur simple	*Futur compost*
rebré	hauré rebut
rebràs	hauràs "
rebrà	haurà "
rebrem	haurem "
rebreu	haureu "
rebran	hauran "

CONDICIONAL

Simple	*Compost*	
rebria	hauria (o haguera)	rebut
rebries	hauries (o hagueres)	”
rebria	hauria (o haguera)	”
rebríem	hauríem (o haguérem)	”
rebríeu	hauríeu (o haguéreu)	”
rebrien	haurien (o hagueren)	”

SUBJUNTIU

Present	*Pretèrit perfet*	
rebi	hagi	rebut
rebis	hagis	”
rebi	hagi	”
rebem	hàgim	”
rebeu	hàgiu	”
rebin	hagin	”

Pretèrit imperfet	*Pret. plusquamperfet*	
rebés	hagués	rebut
rebessis	haguessis	”
rebés	hagués	”
rebéssim	haguéssim	”
rebéssiu	haguéssiu	”
rebessin	haguessin	”

IMPERATIU

rep
rebi
rebem
rebeu
rebin

INFINITIU

Present: rebre
Passat: haver rebut

GERUNDI

Present: rebent
Passat: havent rebut

PARTICIPI

rebut, rebuda
rebuts, rebudes

INDICATIU

Present	*Pretèrit indefinit*
recloc	he reclòs
reclous	has "
reclou	ha "
recloem	havem (o hem) "
recloeu	haveu (o heu) "
reclouen	han "

Pretèrit imperfet	*Pret. plusquamperfet*
recloïa	havia reclòs
recloïes	havies "
recloïa	havia "
recloíem	havíem "
recloíeu	havíeu "
recloïen	havien "

Pretèrit perfet	*Pretèrit anterior*
reclogui	haguí (o vaig haver) reclòs
reclogueres	hagueres (o vas haver) "
reclogué	hagué (o va haver) "
reclogućrem	haguérem (o vam haver) "
recloguéreu	haguéreu (o vau haver) "
reclogueren	hagueren (o van haver) "

I també:
vaig recloure, etc.

Futur simple	*Futur compost*
reclouré	hauré reclòs
reclouràs	hauràs "
reclourà	haurà "
reclourem	haurem "
reclloureu	haureu "
reclouran	hauran "

CONDICIONAL

Simple	*Compost*
reclouria	hauria (o haguera) reclòs
reclouries	hauries (o hagueres) "
reclouria	hauria (o haguera) "
reclouríem	hauríem (o haguérem) "
reclouríeu	hauríeu (o haguéreu) "
reclourien	haurien (o hagueren) "

SUBJUNTIU

Present	*Pretèrit perfet*
reclogui	hagi reclòs
recloguis	hagis "
reclogui	hagi "
recloguem	hàgim "
reclogueu	hàgiu "
recloguin	hagin "

Pretèrit imperfet	*Pret. plusquamperfet*
reclogués	hagués reclòs
recloguessis	haguessis "
reclogués	hagués "
recloguéssim	haguéssim "
recloguéssiu	haguéssiu "
recloguessin	haguessin "

IMPERATIU

reclou
reclogui
recloguem
recloeu
recloguin

INFINITIU

Present: recloure
Passat: haver reclòs

GERUNDI

Present: recloent
Passat: havent reclòs

PARTICIPI

reclòs, reclosa
reclosos, recloses

200 REDUIR*

INDICATIU

Present	*Pretèrit indefinit*
redu**eixo**	he redu**ït**
redu**eixes**	has ”
redu**eix**	ha ”
redu**ïm**	havem (o hem) ”
redu**ïu**	haveu (o heu) ”
redu**eixen**	han ”

Pretèrit imperfet	*Pret. plusquamperfet*
redu**ïa**	havia redu**ït**
redu**ïes**	havies ”
redu**ïa**	havia ”
redu**íem**	havíem ”
redu**íeu**	havíeu ”
redu**ïen**	havien ”

Pretèrit perfet	*Pretèrit anterior*
redu**í**	haguí (o vaig haver) redu**ït**
redu**ïres**	hagueres (o vas haver) ”
redu**í**	hagué (o va haver) ”
redu**írem**	haguérem (o vam haver) ”
redu**íreu**	haguéreu (o vau haver) ”
redu**ïren**	hagueren (o van haver) ”

I també:
vaig redu**ir**, etc.

Futur simple	*Futur compost*
redu**iré**	hauré redu**ït**
redu**iràs**	hauràs ”
redu**irà**	haurà ”
redu**irem**	haurem ”
redu**ireu**	haureu ”
redu**iran**	hauran ”

*Aquest verb model porta la desinència assenyalada amb negreta.

CONDICIONAL

Simple	*Compost*
reduiria	hauria (o haguera) reduït
reduiries	hauries (o hagueres) ”
reduiria	hauria (o haguera) ”
reduiríem	hauríem (o haguérem) ”
reduiríeu	hauríeu (o haguéreu) ”
reduirien	haurien (o hagueren) ”

SUBJUNTIU

Present	*Pretèrit perfet*
redueixi	hagi reduït
redueixis	hagis ”
redueixi	hagi ”
reduïm	hàgim ”
reduïu	hàgiu ”
redueixin	hagin ”

Pretèrit imperfet	*Pret. plusquamperfet*
reduís	hagués reduït
reduïssis	haguessis ”
reduís	hagués ”
reduíssim	haguéssim ”
reduíssiu	haguéssiu ”
reduïssin	haguessin ”

IMPERATIU

redueix
redueixi
reduïm
reduïu
redueixin

INFINITIU

Present: reduir
Passat: haver reduït

GERUNDI

Present: reduint
Passat: havent reduït

PARTICIPI

reduït, reduïda
reduïts, reduïdes

INDICATIU

Present	*Pretèrit indefinit*	
reïxo	he	reeixit
reïxes	has	”
reïx	ha	”
reeixim	havem (o hem)	”
reeixiu	haveu (o heu)	”
reïxen	han	”

Pretèrit imperfet	*Pret. plusquamperfet*	
reeixia	havia	reeixit
reeixies	havies	”
reeixia	havia	”
reeixíem	havíem	”
reeixíeu	havíeu	”
reeixien	havien	”

Pretèrit perfet	*Pretèrit anterior*	
reeixí	haguí (o vaig haver)	reeixit
reeixires	hagueres (o vas haver)	”
reeixí	hagué (o va haver)	”
reeixírem	haguérem (o vam haver)	”
reeixíreu	haguéreu (o vau haver)	”
reeixiren	hagueren (o van haver)	”

I també:
vaig reeixir, etc.

Futur simple	*Futur compost*	
reeixiré	hauré	reeixit
reeixiràs	hauràs	”
reeixirà	haurà	”
reeixirem	haurem	”
reeixireu	haureu	”
reeixiran	hauran	”

CONDICIONAL

Simple
reeixiria
reeixiries
reeixiria
reeixiríem
reeixiríeu
reeixirien

Compost
hauria (o haguera) reeixit
hauries (o hagueres) "
hauria (o haguera) "
hauríem (o haguérem) "
hauríeu (o haguéreu) "
haurien (o hagueren) "

SUBJUNTIU

Present
reïxi
reïxis
reïxi
reeixim
reeixiu
reïxin

Pretèrit perfet
hagi reeixit
hagis "
hagi "
hàgim "
hàgiu "
hagin "

Pretèrit imperfet
reeixís
reeixissis
reeixís
reeixíssim
reeixíssiu
reeixissin

Pret. plusquamperfet
hagués reeixit
haguessis "
hagués "
haguéssim "
haguéssiu "
haguessin "

IMPERATIU

reïx
reïxi
reeixim
reeixiu
reïxin

INFINITIU

Present: reeixir
Passat: haver reeixit

GERUNDI

Present: reeixint
Passat: havent reeixit

PARTICIPI

reeixit, reeixida
reeixits, reeixides

INDICATIU

Present
ric
rius
riu
riem
rieu
riuen

Pretèrit indefinit
he rigut
has "
ha "
havem (o hem) "
haveu (o heu) "
han "

Pretèrit imperfet
reia
reies
reia
rèiem
rèieu
reien

Pret. plusquamperfet
havia rigut
havies "
havia "
havíem "
havíeu "
havien "

Pretèrit perfet
riguí
rigueres
rigué
riguérem
riguéreu
rigueren
I també:
vaig riure, etc.

Pretèrit anterior
haguí (o vaig haver) rigut
hagueres (o vas haver) "
hagué (o va haver) "
haguérem (o vam haver) "
haguéreu (o vau haver) "
hagueren (o van haver) "

Futur simple
riuré
riuràs
riurà
riurem
riureu
riuran

Futur compost
hauré rigut
hauràs "
haurà "
haurem "
haureu "
hauran "

CONDICIONAL

Simple	*Compost*	
riuria	hauria (o haguera)	rigut
riuries	hauries (o hagueres)	”
riuria	hauria (o haguera)	”
riuríem	hauríem (o haguérem)	”
riuríeu	hauríeu (o haguéreu)	”
riurien	haurien (o hagueren)	”

SUBJUNTIU

Present	*Pretèrit perfet*	
rigui	hagi	rigut
riguis	hagis	”
rigui	hagi	”
riguem	hàgim	”
rigueu	hàgiu	”
riguin	hagin	”

Pretèrit imperfet	*Pret. plusquamperfet*	
rigués	hagués	rigut
riguessis	haguessis	”
rigués	hagués	”
riguéssim	haguéssim	”
riguéssiu	haguéssiu	”
riguessin	haguessin	”

IMPERATIU

riu
rigui
riguem
rieu
riguin

INFINITIU

Present: riure
Passat: haver rigut

GERUNDI

Present: rient
Passat: havent rigut

PARTICIPI

rigut, riguda
riguts, rigudes

INDICATIU

Present	*Pretèrit indefinit*
romanc	he romàs
romans	has "
roman	ha "
romanem	havem (o hem) "
romaneu	haveu (o heu) "
romanen	han "

Pretèrit imperfet	*Pret. plusquamperfet*
romania	havia romàs
romanies	havies "
romania	havia "
romaníem	havíem "
romaníeu	havíeu "
romanien	havien "

Pretèrit perfet	*Pretèrit anterior*
romanguí	haguí (o vaig haver) romàs
romangueres	hagueres (o vas haver) "
romangué	hagué (o va haver) "
romanguérem	haguérem (o vam haver) "
romanguéreu	haguéreu (o vau haver) "
romangueren	hagueren (o van haver) "

I també:
vaig romandre, etc.

Futur simple	*Futur compost*
romandré	hauré romàs
romandràs	hauràs "
romandrà	haurà "
romandrem	haurem "
romandreu	haureu "
romandran	hauran "

CONDICIONAL

Simple	*Compost*	
romandria	hauria (o haguera)	romàs
romandries	hauries (o hagueres)	”
romandria	hauria (o haguera)	”
romandríem	hauríem (o haguérem)	”
romandríeu	hauríeu (o haguéreu)	”
romandrien	haurien (o hagueren)	”

SUBJUNTIU

Present	*Pretèrit perfet*	
romangui	hagi	romàs
romanguis	hagis	”
romangui	hagi	”
romanguem	hàgim	”
romangueu	hàgiu	”
romanguin	hagin	”

Pretèrit imperfet	*Pret. plusquamperfet*	
romangués	hagués	romàs
romanguessis	haguessis	”
romangués	hagués	”
romanguéssim	haguéssim	”
romanguéssiu	haguéssiu	”
romanguessin	haguessin	”

IMPERATIU

roman
romangui
romanguem
romaneu
romanguin

INFINITIU

Present: romandre
Passat: haver romàs

GERUNDI

Present: romanent
Passat: havent romàs

PARTICIPI

romàs, romasa
romasos, romases

INDICATIU

Present	*Pretèrit indefinit*	
rompo	he	romput
romps	has	”
romp	ha	”
rompem	havem (o hem)	”
rompeu	haveu (o heu)	”
rompen	han	”

Pretèrit imperfet	*Pret. plusquamperfet*	
rompia	havia	romput
rompies	havies	”
rompia	havia	”
rompíem	havíem	”
rompíeu	havíeu	”
rompien	havien	”

Pretèrit perfet	*Pretèrit anterior*	
rompí	haguí (o vaig haver)	romput
romperes	hagueres (o vas haver)	”
rompé	hagué (o va haver)	”
rompérem	haguérem (o vam haver)	”
rompéreu	haguéreu (o vau haver)	”
romperen	hagueren (o van haver)	”

I també:
vaig rompre, etc.

Futur simple	*Futur compost*	
rompré	hauré	romput
rompràs	hauràs	”
romprà	haurà	”
romprem	haurem	”
rompreu	haureu	”
rompran	hauran	”

CONDICIONAL

Simple	*Compost*
rompria	hauria (o haguera) romput
rompries	hauries (o hagueres) "
rompria	hauria (o haguera) "
rompríem	hauríem (o haguérem) "
rompríeu	hauríeu (o haguéreu) "
romprien	haurien (o hagueren) "

SUBJUNTIU

Present	*Pretèrit perfet*
rompi	hagi romput
rompis	hagis "
rompi	hagi "
rompem	hàgim "
rompeu	hàgiu "
rompin	hagin "

Pretèrit imperfet	*Pret. plusquamperfet*
rompés	hagués romput
rompessis	haguessis "
rompés	hagués "
rompéssim	haguéssim "
rompéssiu	haguéssiu "
rompessin	haguessin "

IMPERATIU

romp
rompi
rompem
rompeu
rompin

INFINITIU

Present: rompre
Passat: haver romput

GERUNDI

Present: rompent
Passat: havent romput

PARTICIPI

romput, rompuda
romputs, rompudes

INDICATIU

Present	*Pretèrit indefinit*
sé	he sabut
saps	has "
sap	ha "
sabem	havem (o hem) "
sabeu	haveu (o heu) "
saben	han "

Pretèrit imperfet	*Pret. plusquamperfet*
sabia	havia sabut
sabies	havies "
sabia	havia "
sabíem	havíem "
sabíeu	havíeu "
sabien	havien "

Pretèrit perfet	*Pretèrit anterior*
sabí	haguí (o vaig haver) sabut
saberes	hagueres (o vas haver) "
sabé	hagué (o va haver) "
sabérem	haguérem (o vam haver) "
sabéreu	haguéreu (o vau haver) "
saberen	hagueren (o van haver) "

I també:
vaig saber, etc.

Futur simple	*Futur compost*
sabré	hauré sabut
sabràs	hauràs "
sabrà	haurà "
sabrem	haurem "
sabreu	haureu "
sabran	hauran "

CONDICIONAL

Simple	*Compost*
sabria	hauria (o haguera) sabut
sabries	hauries (o hagueres) "
sabria	hauria (o haguera) "
sabríem	hauríem (o haguérem) "
sabríeu	hauríeu (o haguéreu) "
sabrien	haurien (o hagueren) "

SUBJUNTIU

Present	*Pretèrit perfet*
sàpiga	hagi sabut
sàpigues	hagis "
sàpiga	hagi "
sapiguem	hàgim "
sapigueu	hàgiu "
sàpiguen	hagin "

Pretèrit imperfet	*Pret. plusquamperfet*
sabés	hagués sabut
sabessis	haguessis "
sabés	hagués "
sabéssim	haguéssim "
sabéssiu	haguéssiu "
sabessin	haguessin "

IMPERATIU

sàpigues
sàpiga
sapiguem
sapigueu
sàpiguen

INFINITIU

Present: saber
Passat: haver sabut

GERUNDI

Present: sabent
Passat: havent sabut

PARTICIPI

sabut, sabuda
sabuts, sabudes

INDICATIU

Present	*Pretèrit indefinit*
sento	he sentit
sents	has "
sent	ha "
sentim	havem (o hem) "
sentiu	haveu (o heu) "
senten	han "

Pretèrit imperfet	*Pret. plusquamperfet*
sentia	havia sentit
senties	havies "
sentia	havia "
sentíem	havíem "
sentíeu	havíeu "
sentien	havien "

Pretèrit perfet	*Pretèrit anterior*
sentí	haguí (o vaig haver) sentit
sentires	hagueres (o vas haver) "
sentí	hagué (o va haver) "
sentírem	haguérem (o vam haver) "
sentíreu	haguéreu (o vau haver) "
sentiren	hagueren (o van haver) "

I també:
vaig sentir, etc.

Futur simple	*Futur compost*
sentiré	hauré sentit
sentiràs	hauràs "
sentirà	haurà "
sentirem	haurem "
sentireu	haureu "
sentiran	hauran "

CONDICIONAL

Simple	*Compost*
sentiria	hauria (o haguera) sentit
sentiries	hauries (o hagueres) "
sentiria	hauria (o haguera) "
sentiríem	hauríem (o haguérem) "
sentiríeu	hauríeu (o haguéreu) "
sentirien	haurien (o hagueren) "

SUBJUNTIU

Present	*Pretèrit perfet*
senti	hagi sentit
sentis	hagis "
senti	hagi "
sentim	hàgim "
sentiu	hàgiu "
sentin	hagin "

Pretèrit imperfet	*Pret. plusquamperfet*
sentís	hagués sentit
sentissis	haguessis "
sentís	hagués "
sentíssim	haguéssim "
sentíssiu	haguéssiu "
sentissin	haguessin "

IMPERATIU

sent
senti
sentim
sentiu
sentin

INFINITIU

Present: sentir
Passat: haver sentit

GERUNDI

Present: sentint
Passat: havent sentit

PARTICIPI

sentit, sentida
sentits, sentides

214 SERVIR*

INDICATIU

Present	*Pretèrit indefinit*
serv**eixo**	he serv**it**
serv**eixes**	has ”
serv**eix**	ha ”
serv**im**	havem (o hem) ”
serv**iu**	haveu (o heu) ”
serv**eixen**	han ”
Pretèrit imperfet	*Pret. plusquamperfet*
serv**ia**	havia serv**it**
serv**ies**	havies ”
serv**ia**	havia ”
serv**íem**	havíem ”
serv**íeu**	havíeu ”
serv**ien**	havien ”
Pretèrit perfet	*Pretèrit anterior*
serv**í**	haguí (o vaig haver) serv**it**
serv**ires**	hagueres (o vas haver) ”
serv**í**	hagué (o va haver) ”
serv**írem**	haguérem (o vam haver) ”
serv**íreu**	haguéreu (o vau haver) ”
serv**iren**	hagueren (o van haver) ”
I també:	
vaig serv**ir**, etc.	
Futur simple	*Futur compost*
serv**iré**	hauré serv**it**
serv**iràs**	hauràs ”
serv**irà**	haurà ”
serv**irem**	haurem ”
serv**ireu**	haureu ”
serv**iran**	hauran ”

*Aquest verb model porta la desinència assenyalada amb negreta

CONDICIONAL

Simple

serviria
serviries
serviria
serviríem
serviríeu
servirien

Compost

hauria (o haguera) servit
hauries (o hagueres) ”
hauria (o haguera) ”
hauríem (o haguérem) ”
hauríeu (o haguéreu) ”
haurien (o hagueren) ”

SUBJUNTIU

Present

serveixi
serveixis
serveixi
servim
serviu
serveixin

Pretèrit perfet

hagi servit
hagis ”
hagi ”
hàgim ”
hàgiu ”
hagin ”

Pretèrit imperfet

servís
servissis
servís
servíssim
servíssiu
servissin

Pret. plusquamperfet

hagués servit
haguessis ”
hagués ”
haguéssim ”
haguéssiu ”
haguessin ”

IMPERATIU

serveix
serveixi
servim
serviu
serveixin

INFINITIU

Present: servir
Passat: haver servit

GERUNDI

Present: servint
Passat: havent servit

PARTICIPI

servit, servida
servits, servides

INDICATIU

Present
sec
seus
seu
seiem
seieu
seuen

Pretèrit indefinit
he segut
has ”
ha ”
havem (o hem) ”
haveu (o heu) ”
han ”

Pretèrit imperfet
seia
seies
seia
sèiem
sèieu
seien

Pret. plusquamperfet
havia segut
havies ”
havia ”
havíem ”
havíeu ”
havien ”

Pretèrit perfet
seguí
segueres
segué
seguérem
seguéreu
segueren
I també:
vaig seure, etc.

Pretèrit anterior
haguí (o vaig haver) segut
hagueres (o vas haver) ”
hagué (o va haver) ”
haguérem (o vam haver) ”
haguéreu (o vau haver) ”
hagueren (o van haver) ”

Futur simple
seuré
seuràs
seurà
seurem
seureu
seuran

Futur compost
hauré segut
hauràs ”
haurà ”
haurem ”
haureu ”
hauran ”

CONDICIONAL

Simple	*Compost*
seuria	hauria (o haguera) segut
seuries	hauries (o hagueres) "
seuria	hauria (o haguera) "
seuríem	hauríem (o haguérem) "
seuríeu	hauríeu (o haguéreu) "
seurien	haurien (o hagueren) "

SUBJUNTIU

Present	*Pretèrit perfet*
segui	hagi segut
seguis	hagis "
segui	hagi "
seguem	hàgim "
segueu	hàgiu "
seguin	hagin "

Pretèrit imperfet	*Pret. plusquamperfet*
segués	hagués segut
seguessis	haguessis "
segués	hagués "
seguéssim	haguéssim "
seguéssiu	haguéssiu "
seguessin	haguessin "

IMPERATIU

seu
segui
seguem
seieu
seguin

INFINITIU

Present: seure
Passat: haver segut

GERUNDI

Present: seient
Passat: havent segut

PARTICIPI

segut, seguda
seguts, segudes

INDICATIU

Present
sofreixo
sofreixes
sofreix
sofrim
sofriu
sofreixen

Pretèrit indefinit
he sofert
has ”
ha ”
havem (o hem) ”
haveu (o heu) ”
han ”

Pretèrit imperfet
sofria
sofries
sofria
sofríem
sofríeu
sofrien

Pret. plusquamperfet
havia sofert
havies ”
havia ”
havíem ”
havíeu ”
havien ”

Pretèrit perfet
sofrí
sofrires
sofrí
sofrírem
sofríreu
sofriren
I també:
vaig sofrir, etc.

Pretèrit anterior
haguí (o vaig haver) sofert
hagueres (o vas haver) ”
hagué (o va haver) ”
haguérem (o vam haver) ”
haguéreu (o vau haver) ”
hagueren (o van haver) ”

Futur simple
sofriré
sofriràs
sofrirà
sofrirem
sofrireu
sofriran

Futur compost
hauré sofert
hauràs ”
haurà ”
haurem ”
haureu ”
hauran ”

CONDICIONAL

Simple	*Compost*	
sofriria	hauria (o haguera)	sofert
sofriries	hauries (o hagueres)	"
sofriria	hauria (o haguera)	"
sofriríem	hauríem (o haguérem)	"
sofriríeu	hauríeu (o haguéreu)	"
sofririen	haurien (o hagueren)	"

SUBJUNTIU

Present	*Pretèrit perfet*	
sofreixi	hagi	sofert
sofreixis	hagis	"
sofreixi	hagi	"
sofrim	hàgim	"
sofriu	hàgiu	"
sofreixin	hagin	"

Pretèrit imperfet	*Pret. plusquamperfet*	
sofrís	hagués	sofert
sofrissis	haguessis	"
sofrís	hagués	"
sofríssim	haguéssim	"
sofríssiu	haguéssiu	"
sofrissin	haguessin	"

IMPERATIU

sofreix
sofreixi
sofrim
sofriu
sofreixin

GERUNDI

Present: sofrint
Passat: havent sofert

PARTICIPI

sofert, soferta
soferts, sofertes

INFINITIU

Present: sofrir
Passat: haver sofert

INDICATIU

Present	*Pretèrit indefinit*
solc	he solgut
sols	has ”
sol	ha ”
solem	havem (o hem) ”
soleu	haveu (o heu) ”
solen	han ”
Pretèrit imperfet	*Pret. plusquamperfet*
solia	havia solgut
solies	havies ”
solia	havia ”
solíem	havíem ”
solíeu	havíeu ”
solien	havien ”
Pretèrit perfet	*Pretèrit anterior*
solguí	haguí (o vaig haver) solgut
solgueres	hagueres (o vas haver) ”
solgué	hagué (o va haver) ”
solguérem	haguérem (o vam haver) ”
solguéreu	haguéreu (o vau haver) ”
solgueren	hagueren (o van haver) ”
I també:	
vaig soler, etc.	
Futur simple	*Futur compost*
soldré	hauré solgut
soldràs	hauràs ”
soldrà	haurà ”
soldrem	haurem ”
soldreu	haureu ”
soldran	hauran ”

CONDICIONAL

Simple	*Compost*
soldria	hauria (o haguera) solgut
soldries	hauries (o hagueres) ”
soldria	hauria (o haguera) ”
soldríem	hauríem (o haguérem) ”
soldríeu	hauríeu (o haguéreu) ”
soldrien	haurien (o hagueren) ”

SUBJUNTIU

Present	*Pretèrit perfet*
solgui	hagi solgut
solguis	hagis ”
solgui	hagi ”
solguem	hàgim ”
solgueu	hàgiu ”
solguin	hagin ”

Pretèrit imperfet	*Pret. plusquamperfet*
solgués	hagués solgut
solguessis	haguessis ”
solgués	hagués ”
solguéssim	haguéssim ”
solguéssiu	haguéssiu ”
solguessin	haguessin ”

IMPERATIU

sol
solgui
solguem
soleu
solguin

INFINITIU

Present: soler
Passat: haver solgut

GERUNDI

Present: solent
Passat: havent solgut

PARTICIPI

solgut, solguda
solguts, solgudes

INDICATIU

Present	*Pretèrit indefinit*
surto	he sortit
surts	has "
surt	ha "
sortim	havem (o hem) "
sortiu	haveu (o heu) "
surten	han "

Pretèrit imperfet	*Pret. plusquamperfet*
sortia	havia sortit
sorties	havies "
sortia	havia "
sortíem	havíem "
sortíeu	havíeu "
sortien	havien "

Pretèrit perfet	*Pretèrit anterior*
sortí	haguí (o vaig haver) sortit
sortires	hagueres (o vas haver) "
sortí	hagué (o va haver) "
sortírem	haguérem (o vam haver) "
sortíreu	haguéreu (o vau haver) "
sortiren	hagueren (o van haver) "

I també:
vaig sortir, etc.

Futur simple	*Futur compost*
sortiré	hauré sortit
sortiràs	hauràs "
sortirà	haurà "
sortirem	haurem "
sortireu	haureu "
sortiran	hauran "

CONDICIONAL

Simple	*Compost*
sortiria	hauria (o haguera) sortit
sortiries	hauries (o hagueres) "
sortiria	hauria (o haguera) "
sortiríem	hauríem (o haguérem) "
sortiríeu	hauríeu (o haguéreu) "
sortirien	haurien (o hagueren) "

SUBJUNTIU

Present	*Pretèrit perfet*
surti	hagi sortit
surtis	hagis "
surti	hagi "
sortim	hàgim "
sortiu	hàgiu "
surtin	hagin "

Pretèrit imperfet	*Pret. plusquamperfet*
sortís	hagués sortit
sortissis	haguessis "
sortís	hagués "
sortíssim	haguéssim "
sortíssiu	haguéssiu "
sortissin	haguessin "

IMPERATIU

surt
surti
sortim
sortiu
surtin

INFINITIU

Present: sortir
Passat: haver sortit

GERUNDI

Present: sortint
Passat: havent sortit

PARTICIPI

sortit, sortida
sortits, sortides

INDICATIU

Present
supleixo
supleixes
supleix
suplim
supliu
supleixen

Pretèrit indefinit
he suplert
has ”
ha ”
havem (o hem) ”
haveu (o heu) ”
han ”

Pretèrit imperfet
suplia
suplies
suplia
suplíem
suplíeu
suplien

Pret. plusquamperfet
havia suplert
havies ”
havia ”
havíem ”
havíeu ”
havien ”

Pretèrit perfet
suplí
suplires
supli
suplírem
supíreu
supliren
I també:
vaig suplir, etc.

Pretèrit anterior
haguí (o vaig haver) suplert
hagueres (o vas haver) ”
hagué (o va haver) ”
haguérem (o vam haver) ”
haguéreu (o vau haver) ”
hagueren (o van haver) ”

Futur simple
supliré
supliràs
suplirà
suplirem
suplireu
supliran

Futur compost
hauré suplert
hauràs ”
haurà ”
haurem ”
haureu ”
hauran ”

CONDICIONAL

Simple	*Compost*
supliria	hauria (o haguera) suplert
supliries	hauries (o hagueres) ”
supliria	hauria (o haguera) ”
supliríem	hauríem (o haguérem) ”
supliríeu	hauríeu (o haguéreu) ”
suplirien	haurien (o hagueren) ”

SUBJUNTIU

Present	*Pretèrit perfet*
supleixi	hagi suplert
supleixis	hagis ”
supleixi	hagi ”
suplim	hàgim “
supliu	hàgiu ”
supleixin	hagin ”

Pretèrit imperfet	*Pret. plusquamperfet*
suplís	hagués suplert
suplissis	haguessis ”
suplís	hagués ”
suplíssim	haguéssim ”
suplíssiu	haguéssiu ”
suplissin	haguessin ”

IMPERATIU

supleix
supleixi
suplim
supliu
supleixin

INFINITIU

Present: suplir
Passat: haver suplert

GERUNDI

Present: suplint
Passat: havent suplert

PARTICIPI

suplert, suplerta
suplerts, suplertes

INDICATIU

Present	*Pretèrit indefinit*	
temo	he	temut
tems	has	”
tem	ha	”
temem	havem (o hem)	”
temeu	haveu (o heu)	”
temen	han	”

Pretèrit imperfet	*Pret. plusquamperfet*	
temia	havia	temut
temies	havies	”
temia	havia	”
temíem	havíem	”
temíeu	havíeu	”
temien	havien	”

Pretèrit perfet	*Pretèrit anterior*	
temí	haguí (o vaig haver)	temut
temeres	hagueres (o vas haver)	”
temé	hagué (o va haver)	”
temérem	haguérem (o vam haver)	”
temércu	haguéreu (o vau haver)	”
temeren	hagueren (o van haver)	”

I també:
vaig témer, etc.

Futur simple	*Futur compost*	
temeré	hauré	temut
temeràs	hauràs	”
temerà	haurà	”
temerem	haurem	”
temereu	haureu	”
temeran	hauran	”

CONDICIONAL

Simple	*Compost*	
temeria	hauria (o haguera)	temut
temeries	hauries (o hagueres)	”
temeria	hauria (o haguera)	”
temeríem	hauríem (o haguérem)	”
temeríeu	hauríeu (o haguéreu)	”
temerien	haurien (o hagueren)	”

SUBJUNTIU

Present	*Pretèrit perfet*	
temi	hagi	temut
temis	hagis	”
temi	hagi	”
temem	hàgim	”
temeu	hàgiu	”
temin	hagin	”

Pretèrit imperfet	*Pret. plusquamperfet*	
temés	hagués	temut
temessis	haguessis	”
temés	hagués	”
teméssim	haguéssim	”
teméssiu	haguéssiu	”
temessin	haguessin	”

IMPERATIU

tem
temi
temem
temeu
temin

GERUNDI

Present; tement
Passat: havent temut

INFINITIU

Present: témer
Passat: haver temut

PARTICIPI

temut, temuda
temuts, temudes

INDICATIU

Present
tinc
tens
té
tenim
teniu
tenen

Pretèrit indefinit
he tingut
has "
ha "
havem (o hem) "
haveu (o heu) "
han "

Pretèrit imperfet
tenia
tenies
tenia
teníem
teníeu
tenien

Pret. plusquamperfet
havia tingut
havies "
havia "
havíem "
havíeu "
havien "

Pretèrit perfet
tinguí
tingueres
tingué
tinguérem
tinguéreu
tingueren

I també:
vaig tenir, etc.

Pretèrit anterior
haguí (o vaig haver) tingut
hagueres (o vas haver) "
hagué (o va haver) "
haguérem (o vam haver) "
haguéreu (o vau haver) "
hagueren (o van haver) "

Futur simple
tindré
tindràs
tindrà
tindrem
tindreu
tindran

Futur compost
hauré tingut
hauràs "
haurà "
haurem "
haureu "
hauran "

CONDICIONAL

Simple	*Compost*
tindria	hauria (o haguera) tingut
tindries	hauries (o hagueres) ”
tindria	hauria (o haguera) ”
tindríem	hauríem (o haguérem) ”
tindríeu	hauríeu (o haguéreu) ”
tindrien	haurien (o hagueren) ”

SUBJUNTIU

Present	*Pretèrit perfet*
tingui	hagi tingut
tinguis	hagis ”
tingui	hagi ”
tinguem	hàgim ”
tingueu	hàgiu ”
tinguin	hagin ”
Pretèrit imperfet	*Pret. plusquamperfet*
tingués	hagués tingut
tinguessis	haguessis ”
tingués	hagués ”
tinguéssim	haguéssim ”
tinguéssiu	haguéssiu ”
tinguessin	haguessin ”

IMPERATIU

té (o ten, tingues)
tingui
tinguem
teniu (o tingueu)
tinguin

INFINITIU

Present: tenir (o tindre)
Passat: haver tingut

GERUNDI

Present: tenint
Passat: havent tingut

PARTICIPI

tingut, tinguda
tinguts, tingudes

INDICATIU

Present	*Pretèrit indefinit*	
torço	he	torçat
torces	has	”
torça	ha	”
torcem	havem (o hem)	”
torceu	haveu (o heu)	”
torcen	han	”

Pretèrit imperfet	*Pret. plusquamperfet*	
torçava	havia	torçat
torçaves	havies	”
torçava	havia	”
torçàvem	havíem	”
torçàveu	havíeu	”
torçaven	havien	”

Pretèrit perfet	*Pretèrit anterior*	
torcí	haguí (o vaig haver)	torçat
torçares	hagueres (o vas haver)	”
torçà	hagué (o va haver)	”
torçàrem	haguérem (o vam haver)	”
torçàreu	haguéreu (o vau haver)	”
torçaren	hagueren (o van haver)	”

I també:
vaig torçar, etc.

Futur simple	*Futur compost*	
torçaré	hauré	torçat
torçaràs	hauràs	”
torçarà	haurà	”
torçarem	haurem	”
torçareu	haureu	”
torçaran	hauran	”

CONDICIONAL

Simple	*Compost*
torçaria	hauria (o haguera) torçat
torçaries	hauries (o hagueres) ”
torçaria	hauria (o haguera) ”
torçaríem	hauríem (o haguérem) ”
torçaríeu	hauríeu (o haguéreu) ”
torçarien	haurien (o hagueren) ”

SUBJUNTIU

Present	*Pretèrit perfet*
torci	hagi torçat
torcis	hagis ”
torci	hagi ”
torcem	hàgim ”
torceu	hàgiu ”
torcin	hagin ”

Pretèrit imperfet	*Pret. plusquamperfet*
torcés	hagués torçat
torcessis	haguessis ”
torcés	hagués ”
torcéssim	haguéssim ”
torcéssiu	haguéssiu ”
torcessin	haguessin ”

IMPERATIU

torça
torci
torcem
torceu
torcin

INFINITIU

Present: torçar
Passat: haver torçat

GERUNDI

Present: torçant
Passat: havent torçat

PARTICIPI

torçat, torçada
torçats, torçades

INDICATIU

Present	*Pretèrit indefinit*
torço	he torçut
torces	has "
torç	ha "
torcem	havem (o hem) "
torceu	haveu (o heu) "
torcen	han "

Pretèrit imperfet	*Pret. plusquamperfet*
torcia	havia torçut
torcies	havies "
torcia	havia "
torcíem	havíem "
torcíeu	havíeu "
torcien	havien "

Pretèrit perfet	*Pretèrit anterior*
torcí	haguí (o vaig haver) torçut
torceres	hagueres (o vas haver) "
torcé	hagué (o va haver) "
torcérem	haguérem (o vam haver) "
torcéreu	haguéreu (o vau haver) "
torceren	hagueren (o van haver) "

I també:
vaig tòrcer, etc.

Futur simple	*Futur compost*
torceré	hauré torçut
torceràs	hauràs "
torcerà	haurà "
torcerem	haurem "
torcereu	haureu "
torceran	hauran "

CONDICIONAL

Simple	*Compost*	
torceria	hauria (o haguera)	torçut
torceries	hauries (o hagueres)	”
torceria	hauria (o haguera)	”
torceríem	hauríem (o haguérem)	”
torceríeu	hauríeu (o haguéreu)	”
torcerien	haurien (o hagueren)	”

SUBJUNTIU

Present	*Pretèrit perfet*	
torci	hagi	torçut
torcis	hagis	”
torci	hagi	”
torcem	hàgim	”
torceu	hàgiu	”
torcin	hagin	”

Pretèrit imperfet	*Pret. plusquamperfet*	
torcés	hagués	torçut
torcessis	haguessis	”
torcés	hagués	”
torcéssim	haguéssim	”
torcéssiu	haguéssiu	”
torcessin	haguessin	”

IMPERATIU

torç
torci
torcem
torceu
torcin

INFINITIU

Present: tòrcer
Passat: haver torçut

GERUNDI

Present: torcent
Passat: havent torçut

PARTICIPI

tort, torta
torts, tortes
(o torçut, torçuda
torçuts, torçudes)

INDICATIU

Present	*Pretèrit indefinit*
tusso	he tossit
tusses	has "
tus	ha "
tossim	havem (o hem) "
tossiu	haveu (o heu) "
tussen	han "

Pretèrit imperfet	*Pret. plusquamperfet*
tossia	havia tossit
tossies	havies "
tossia	havia "
tossíem	havíem "
tossíeu	havíeu "
tossien	havien "

Pretèrit perfet	*Pretèrit anterior*
tossí	haguí (o vaig haver) tossit
tossires	hagueres (o vas haver) "
tossí	hagué (o va haver) "
tossírem	haguérem (o vam haver) "
tossíreu	haguéreu (o vau haver) "
tossiren	hagueren (o van haver) "

I també:
vaig tossir, etc.

Futur simple	*Futur compost*
tossiré	hauré tossit
tossiràs	hauràs "
tossirà	haurà "
tossirem	haurem "
tossireu	haureu "
tossiran	hauran "

CONDICIONAL

Simple	*Compost*	
tossiria	hauria (o haguera)	tossit
tossiries	hauries (o hagueres)	”
tossiria	hauria (o haguera)	”
tossiríem	hauríem (o haguérem)	”
tossiríeu	hauríeu (o haguéreu)	”
tossirien	haurien (o hagueren)	”

SUBJUNTIU

Present	*Pretèrit perfet*	
tussi	hagi	tossit
tussis	hagis	”
tussi	hagi	”
tossim	hàgim	”
tossiu	hàgiu	”
tussin	hagin	”

Pretèrit imperfet	*Pret. plusquamperfet*	
tossís	hagués	tossit
tossissis	haguessis	”
tossís	hagués	”
tossíssim	haguéssim	”
tossíssiu	haguéssiu	”
tossissin	haguessin	”

IMPERATIU

tus
tussi
tossim
tossiu
tussin

GERUNDI

Present: tossint
Passat: havent tossit

INFINITIU

Present: tossir
Passat: haver tossit

PARTICIPI

tossit, tossida
tossits, tossides

INDICATIU

Present
trenco
trenques
trenca
trenquem
trenqueu
trenquen

Pretèrit indefinit
he trencat
has "
ha "
havem (o hem) "
haveu (o heu) "
han "

Pretèrit imperfet
trencava
trencaves
trencava
trencàvem
trencàveu
trencaven

Pret. plusquamperfet
havia trencat
havies "
havia "
havíem "
havíeu "
havien "

Pretèrit perfet
trenquí
trencares
trencà
trencàrem
trencàreu
trencaren

I també:
vaig trencar, etc.

Pretèrit anterior
haguí (o vaig haver) trencat
hagueres (o vas haver) "
hagué (o va haver) "
haguérem (o vam haver) "
haguéreu (o vau haver) "
hagueren (o van haver) "

Futur simple
trencaré
trencaràs
trencarà
trencarem
trencareu
trencaran

Futur compost
hauré trencat
hauràs "
haurà "
haurem "
haureu "
hauran "

CONDICIONAL

Simple	*Compost*	
trencaria	hauria (o haguera)	trencat
trencaries	hauries (o hagueres)	”
trencaria	hauria (o haguera)	”
trencaríem	hauríem (o haguérem)	”
trencaríeu	hauríeu (o haguéreu)	”
trencarien	haurien (o hagueren)	”

SUBJUNTIU

Present	*Pretèrit perfet*	
trenqui	hagi	trencat
trenquis	hagis	”
trenqui	hagi	”
trenquem	hàgim	”
trenqueu	hàgiu	”
trenquin	hagin	”

Pretèrit imperfet	*Pret. plusquamperfet*	
trenqués	hagués	trencat
trenquessis	haguessis	”
trenqués	hagués	”
trenquéssim	haguéssim	”
trenquéssiu	haguéssiu	”
trenquessin	haguessin	”

IMPERATIU

trenca
trenqui
trenquem
trenqueu
trenquin

INFINITIU

Present: trencar
Passat: haver trencat

GERUNDI

Present: trencant
Passat: havent trencat

PARTICIPI

trencat, trencada
trencats, trencades

INDICATIU

Present	*Pretèrit indefinit*	
trec (o trac)	he	tret
treus (o traus)	has	”
treu (o trau)	ha	”
traiem	havem (o hem)	”
traieu	haveu (o heu)	”
treuen (o trauen)	han	”

Pretèrit imperfet	*Pret. plusquamperfet*	
treia	havia	tret
treies	havies	”
treia	havia	”
trèiem	havíem	”
trèieu	havíeu	”
treien	havien	”

Pretèrit perfet	*Pretèrit anterior*	
traguí	haguí (o vaig haver)	tret
tragueres	hagueres (o vas haver)	”
tragué	hagué (o va haver)	”
traguérem	haguérem (o vam haver)	”
traguéreu	haguéreu (o vau haver)	”
tragueren	hagueren (o van haver)	”

I també:
vaig treure (o traure)
etc.

Futur simple	*Futur compost*	
trauré	hauré	tret
trauràs	hauràs	”
traurà	haurà	”
traurem	haurem	”
traureu	haureu	”
trauran	hauran	”

CONDICIONAL

Simple	*Compost*
trauria	hauria (o haguera) tret
trauries	hauries (o hagueres) "
trauria	hauria (o haguera) "
trauríem	hauríem (o haguérem) "
trauríeu	hauríeu (o haguéreu) "
traurien	haurien (o hagueren) "

SUBJUNTIU

Present	*Pretèrit perfet*
tregui (o tragui)	hagi tret
treguis (o traguis)	hagis "
tregui (o tragui)	hagi "
traguem	hàgim "
tragueu	hàgiu "
treguin (o traguin)	hagin "

Pretèrit imperfet	*Pret. plusquamperfet*
tragués	hagués tret
traguessis	haguessis "
tragués	hagués "
traguéssim	haguéssim "
traguéssiu	haguéssiu "
traguessin	haguessin "

IMPERATIU

treu (o trau)
tregui (o tragui)
traguem
traieu
treguin (o traguin)

GERUNDI

Present: traient
Passat: havent tret

INFINITIU

Present: treure (o traure)
Passat: haver tret

PARTICIPI

tret, treta
trets, tretes

INDICATIU

Present	*Pretèrit indefinit*
valc	he valgut
vals	has "
val	ha "
valem	havem (o hem) "
valeu	haveu (o heu) "
valen	han "

Pretèrit imperfet	*Pret plusquamperfet*
valia	havia valgut
valies	havies "
valia	havia "
valíem	havíem "
valíeu	havíeu "
valien	havien "

Pretèrit perfet	*Pretèrit anterior*
valguí	haguí (o vaig haver) valgut
valgueres	hagueres (o vas haver) "
valgué	hagué (o va haver) "
valguérem	haguérem (o vam haver) "
valguéreu	haguéreu (o vau haver) "
valgueren	hagueren (o van haver) "

I també:
vaig valer, etc.

Futur simple	*Futur compost*
valdré	hauré valgut
valdràs	hauràs "
valdrà	haurà "
valdrem	haurem "
valdreu	haureu "
valdran	hauran "

CONDICIONAL

Simple
valdria
valdries
valdria
valdríem
valdríeu
valdrien

Compost
hauria (o haguera) valgut
hauries (o hagueres) ”
hauria (o haguera) ”
hauríem (o haguérem) ”
hauríeu (o haguéreu) ”
haurien (o hagueren) ”

SUBJUNTIU

Present
valgui
valguis
valgui
valguem
valgueu
valguin

Pretèrit perfet
hagi valgut
hagis ”
hagi ”
hàgim ”
hàgiu ”
hagin ”

Pretèrit imperfet
valgués
valguessis
valgués
valguéssim
valguéssiu
valguessin

Pret. plusquamperfet
hagués valgut
haguessis ”
hagués ”
haguéssim ”
haguéssiu ”
haguessin ”

IMPERATIU

val
valgui
valguem
valeu
valguin

INFINITIU

Present: valer (o valdre)
Passat: haver valgut

GERUNDI

Present: valent
Passat: havent valgut

PARTICIPI

valgut, valguda
valguts, valgudes

INDICATIU

Present
venço
vences
venç
vencem
venceu
vencen

Pretèrit indefinit
he vençut
has "
ha "
havem (o hem) "
haveu (o heu) "
han "

Pretèrit imperfet
vencia
vencies
vencia
vencíem
vencíeu
vencien

Pret. plusquamperfet
havia vençut
havies "
havia "
havíem "
havíeu "
havien "

Pretèrit perfet
vencí
venceres
vencé
vencérem
vencéreu
venceren
I també:
vaig vèncer, etc.

Pretèrit anterior
haguí (o vaig haver) vençut
hagueres (o vas haver) "
hagué (o va haver) "
haguérem (o vam haver) "
haguéreu (o vau haver) "
hagueren (o van haver) "

Futur simple
venceré
venceràs
vencerà
vencerem
vencereu
venceran

Futur compost
hauré vençut
hauràs "
haurà "
haurem "
haureu "
hauran "

CONDICIONAL

Simple	*Compost*
venceria	hauria (o haguera) vençut
venceries	hauries (o hagueres) ”
venceria	hauria (o haguera) ”
venceríem	hauríem (o haguérem) ”
venceríeu	hauríeu (o haguéreu) ”
vencerien	haurien (o hagueren) ”

SUBJUNTIU

Present	*Pretèrit perfet*
venci	hagi vençut
vencis	hagis ”
venci	hagi ”
vencem	hàgim ”
venceu	hàgiu ”
vencin	hagin ”

Pretèrit imperfet	*Pret. plusquamperfet*
vencés	hagués vençut
vencessis	haguessis ”
vencés	hagués ”
vencéssim	haguéssim ”
vencéssiu	haguéssiu ”
vencessin	haguessin ”

IMPERATIU

venç
venci
vencem
venceu
vencin

INFINITIU

Present: vèncer
Passat: haver vençut

GERUNDI

Present: vencent
Passat: havent vençut

PARTICIPI

vençut, vençuda
vençuts, vençudes

INDICATIU

Present	*Pretèrit indefinit*	
venc	he	venut
vens	has	”
ven	ha	”
venem	havem (o hem)	”
veneu	haveu (o heu)	”
venen	han	”

Pretèrit imperfet	*Pret. plusquamperfet*	
venia	havia	venut
venies	havies	”
venia	havia	”
veníem	havíem	”
veníeu	havíeu	”
venien	havien	”

Pretèrit perfet	*Pretèrit anterior*	
venguí	haguí (o vaig haver)	venut
vengueres	hagueres (o vas haver)	”
vengué	hagué (o va haver)	”
venguérem	haguérem (o vam haver)	”
venguéreu	haguéreu (o vau haver)	”
vengueren	hagueren (o van haver)	”

I també:
vaig vendre, etc.

Futur simple	*Futur compost*	
vendré	hauré	venut
vendràs	hauràs	”
vendrà	haurà	”
vendrem	haurem	”
vendreu	haureu	”
vendran	hauran	”

CONDICIONAL

Simple	*Compost*
vendria	hauria (o haguera) venut
vendries	hauries (o hagueres) ”
vendria	hauria (o haguera) ”
vendríem	hauríem (o haguérem) ”
vendríeu	hauríeu (o haguéreu) ”
vendrien	haurien (o hagueren) ”

SUBJUNTIU

Present	*Pretèrit perfet*
vengui	hagi venut
venguis	hagis ”
vengui	hagi ”
venguem	hàgim ”
vengueu	hàgiu ”
venguin	hagin ”

Pretèrit imperfet	*Pret. plusquamperfet*
vengués	hagués venut
venguessis	haguessis ”
vengués	hagués ”
venguéssim	haguéssim ”
venguéssiu	haguéssiu ”
venguessin	haguessin ”

IMPERATIU

ven
vengui
venguem
veneu
venguin

INFINITIU

Present: vendre
Passat: haver venut

GERUNDI

Present: venent
Passat: havent venut

PARTICIPI

venut, venuda (o vengut, venguda) venuts, venudes

INDICATIU

Present	*Pretèrit indefinit*	
vinc	he	vingut
véns	has	”
ve	ha	”
venim	havem (o hem)	”
veniu	haveu (o heu)	”
vénen	han	”

Pretèrit imperfet	*Pret. plusquamperfet*	
venia	havia	vingut
venies	havies	”
venia	havia	”
veníem	havíem	”
veníeu	havíeu	”
venien	havien	”

Pretèrit perfet	*Pretèrit anterior*	
vinguí	haguí (o vaig haver)	vingut
vingueres	hagueres (o vas haver)	”
vingué	hagué (o va haver)	”
vinguérem	haguérem (o vam haver)	”
vinguéreu	haguéreu (o vau haver)	”
vingueren	hagueren (o van haver)	”
I també:		
vaig venir, etc.		

Futur simple	*Futur compost*	
vindré	hauré	vingut
vindràs	hauràs	”
vindrà	haurà	”
vindrem	haurem	”
vindreu	haureu	”
vindran	hauran	”

CONDICIONAL

Simple	*Compost*
vindria	hauria (o haguera) vingut
vindries	hauries (o hagueres) "
vindria	hauria (o haguera) "
vindríem	hauríem (o haguérem) "
vindríeu	hauríeu (o haguéreu) "
vindrien	haurien (o hagueren) "

SUBJUNTIU

Present	*Pretèrit perfet*
vingui	hagi vingut
vinguis	hagis "
vingui	hagi "
vinguem	hàgim "
vingueu	hàgiu "
vinguin	hagin "

Pretèrit imperfet	*Pret. plusquamperfet*
vingués	hagués vingut
vinguessis	haguessis "
vingués	hagués "
vinguéssim	haguéssim "
vinguéssiu	haguéssiu "
vinguessin	haguessin "

IMPERATIU

vine
vingui
vinguem
veniu
vinguin

INFINITIU

Present: venir o *vindre*
Passat: haver vingut

GERUNDI

Present: venint
Passat: havent vingut

PARTICIPI

vingut, vinguda
vinguts, vingudes

INDICATIU

Present
veig
veus
veu
veiem
veieu
veuen

Pretèrit indefinit
he vist
has ”
ha ”
havem (o hem) ”
haveu (o heu) ”
han ”

Pretèrit imperfet
veia
veies
veia
vèiem
vèieu
veien

Pret. plusquamperfet
havia vist
havies ”
havia ”
havíem ”
havíeu ”
havien ”

Pretèrit perfet
viu
veieres (o veres)
veié (o véu)
veiérem (o vérem)
veiéreu (o véreu)
veieren (o veren)
I també:
vaig veure, etc.

Pretèrit anterior
haguí (o vaig haver) vist
hagueres (o vas haver) ”
hagué (o va haver) ”
haguérem (o vam haver) ”
haguéreu (o vau haver) ”
hagueren (o van haver) ”

Futur simple
veuré
veuràs
veurà
veurem
veureu
veuran

Futur compost
hauré vist
hauràs ”
haurà ”
haurem ”
haureu ”
hauran ”

CONDICIONAL

Simple	*Compost*
veuria	hauria (o haguera) vist
veuries	hauries (o hagueres) "
veuria	hauria (o haguera) "
veuríem	hauríem (o haguérem) "
veuríeu	hauríeu (o haguéreu) "
veurien	haurien (o hagueren) "

SUBJUNTIU

Present	*Pretèrit perfet*
vegi	hagi vist
vegis	hagis "
vegi	hagi "
vegem	hàgim "
vegeu	hàgiu "
vegin	hagin "
Pretèrit imperfet	*Pret. plusquamperfet*
veiés	hagués vist
veiessis	haguessis "
veiés	hagués "
veiéssim	haguéssim "
veiéssiu	haguéssiu "
veiessin	haguessin "

IMPERATIU

veges (o ves)
vegi
vegem
vegeu (o veieu)
vegin

INFINITIU

Present: veure
Passat: haver vist

GERUNDI

Present: veient
Passat: havent vist

PARTICIPI

vist, vista
vistos, vistes

INDICATIU

Present	*Pretèrit indefinit*	
visc	he	viscut
vius	has	”
viu	ha	”
vivim	havem (o hem)	”
viviu	haveu (o heu)	”
viuen	han	”

Pretèrit imperfet	*Pret. plusquamperfet*	
vivia	havia	viscut
vivies	havies	“
vivia	havia	”
vivíem	havíem	”
vivíeu	havíeu	”
vivien	havien	”

Pretèrit perfet	*Pretèrit anterior*	
visquí	haguí (o vaig haver)	viscut
visqueres	hagueres (o vas haver)	”
visqué	hagué (o va haver)	”
visquérem	haguérem (o vam haver)	”
visquéreu	haguéreu (o vau haver)	”
visqueren	hagueren (o van haver)	”

I també:
vaig viure, etc.

Futur simple	*Futur compost*	
viuré	hauré	viscut
viuràs	hauràs	”
viurà	haurà	”
viurem	haurem	”
viureu	haureu	”
viuran	hauran	”

CONDICIONAL

Simple	*Compost*	
viuria	hauria (o haguera)	viscut
viuries	hauries (o hagueres)	”
viuria	hauria (o haguera)	”
viuríem	hauríem (o haguérem)	”
viuríeu	hauríeu (o haguéreu)	”
viurien	haurien (o hagueren)	”

SUBJUNTIU

Present	*Pretèrit perfet*	
visqui	hagi	viscut
visquis	hagis	”
visqui	hagi	”
visquem	hàgim	”
visqueu	hàgiu	”
visquin	hagin	”

Pretèrit imperfet	*Pret. plusquamperfet*	
visqués	hagués	viscut
visquessis	haguessis	”
visqués	hagués	”
visquéssim	haguéssim	”
visquéssiu	haguéssiu	”
visquessin	haguessin	”

IMPERATIU

viu
visqui
visquem
viviu
visquin

INFINITIU

Present: viure
Passat: haver viscut

GERUNDI

Present: vivint
Passat: havent viscut

PARTICIPI

viscut, viscuda
viscuts, viscudes

INDICATIU

Present	*Pretèrit indefinit*
vull	he volgut
vols	has ”
vol	ha ”
volem	havem (o hem) ”
voleu	haveu (o heu) ”
volen	han ”

Pretèrit imperfet	*Pret. plusquamperfet*
volia	havia volgut
volies	havies ”
volia	havia ”
volíem	havíem ”
volíeu	havíeu ”
volien	havien ”

Pretèrit perfet	*Pretèrit anterior*
volguí	haguí (o vaig haver) volgut
volgueres	hagueres (o vas haver) ”
volgué	hagué (o va haver) ”
volguérem	haguérem (o vam haver) ”
volguéreu	haguéreu (o vau haver) ”
volgueren	hagueren (o van haver) ”

I també:
vaig voler, etc.

Futur simple	*Futur compost*
voldré	hauré volgut
voldràs	hauràs ”
voldrà	haurà ”
voldrem	haurem ”
voldreu	haureu ”
voldran	hauran ”

CONDICIONAL

Simple	*Compost*
voldria	hauria (o haguera) volgut
voldries	hauries (o hagueres) "
voldria	hauria (o haguera) "
voldríem	hauríem (o haguérem) "
voldríeu	hauríeu (o haguéreu) "
voldrien	haurien (o hagueren) "

SUBJUNTIU

Present	*Pretèrit perfet*
vulgui	hagi volgut
vulguis	hagis "
vulgui	hagi "
vulguem	hàgim "
vulgueu	hàgiu "
vulguin	hagin "

Pretèrit imperfet	*Pret. plusquamperfet*
volgués	hagués volgut
volguessis	haguessis "
volgués	hagués "
volguéssim	haguéssim "
volguéssiu	haguéssiu "
volguessin	haguessin "

IMPERATIU

vulgues
vulgui
vulguem
vulgueu
vulguin

INFINITIU

Present: voler
Passat: haver volgut

GERUNDI

Present: volent
Passat: havent volgut

PARTICIPI

volgut, volguda
volguts, volgudes

ÍNDEX

A

A

A

B

C

C

*V. pàg. 318

C

D

D

Descanviar	42
Descarar-se	40
Descarbonatar	40
Descarbonitzar	40
Descarburar	40
Descargolar	40
Descarnar	40
Descarregar	184
Descarrerar	40
Descarrilar	40
Descartar	40
Descasar	40
Descastar	40
Descastellanitzar	40
Descatalanitzar	40
Descavalcar	236
Descendir	214
Descentralitzar	40
Descentrar	40
Descenyir	214
Descinglar	40
Descintrar	40
Desclavar	40
Desclavillar	40
Descloure	82
Desclucar	236
Descobrir	50
Descolgar	184
Descollar	40
Descol.locar	236
Descolorar	40
Descolorir	214
Descomandar	40
Descompartir	172
Descompassar	40
Descomplaure	56
Descompondre	60
Descomprometre	16
Descomptar	40
Desconceptuar	118
Desconcertar	40
Desconèixer	62
Desconfiar	42
Desconfir	172
Desconfortar	40
Desconhortar	40
Desconjuntar	40
Desconnectar	40
Desconsellar	40
Desconsiderar	40
Desconsolar	40
Descontentar	40
Desconvenir	194
Desconvidar	40
Desconxar	40
Descoratjar	104
Descordar	40
Descoronar	40
Descorporar	40
Descórrer	68
Descosir	84
Descossar	40
Descossolar	40
Descotxar	40
Descovar-se	40
Descrestar	40
Descreure	76
Descriure	108
Descrostar	40
Descrosterar	40
Descruar	118
Descucar	236
Descuidar-se	40
Descular-se	40
Descurar	40
Descurullar	40
Desdaurar	40
Desdebanar	40
Desdejunar-se	40
Desdelitar	40
Desdenyar	40
Desdinerar	40
Desdir	90
Desdoblar	40
Desdoblegar	184
Desdonar	40
Desdotar	40
Desdubtar-se	40
Desedificar	236
Deseixir-se	100
Desembabaiar	110
Desembadalir	172
Desembadocar	236
Desembafar	40
Desembagular	40
Desembalar	40
Desembalatjar	104
Desembalbar	40
Desembalbir	172
Desembalcar	236
Desemballestar	40
Desembalumar	40
Desembanyonar	40
Desembarassar	40
Desembarcar	236
Desembargar	184
Desembarrar	40
Desembarrilar	40
Desembassar	40
Desembastar	40
Desembastonar	40
Desembeinar	40
Desembenar	40
Desembocar	236
Desembocar	54
Desembogar	184
Desemboirar	40
Desembolcallar	40
Desembolcar	236
Desembolicar	236

D

Desencartonar-se 40
Desencasar 40
Desencasellar 40
Desencasquetar 40
Desencastar 40
Desencaterinar 40
Desencatifar 40
Desencativar 40
Desencauar 40
Desencavalcar 236
Desencavallar 40
Desencebar 40
Desencerclar 40
Desencercolar 40
Desencimbellar 40
Desencisar 40
Desencistellar 40
Desenclavar 40
Desencoblar 40
Desencofinar 40
Desencofrar 40
Desencoixinar 40
Desencolar 40
Desencongir 214
Desencoratjar 104
Desencorbar 40
Desencordar 40
Desencordillar 40
Desencorralar 40
Desencortinar 40
Desencossiar 42
Desencovenar 40
Desencrespar 40
Desencreuar 40
Desencreuellar 40
Desencrostar 40
Desencrostissar 40
Desencubar 40
Desencubellar 40
Desendegar 184
Desendeutar 40
Desendogalar 40
Desendolar 40
Desendolcir 172
Desendollar 40
Desendreçar 54
Desendropir 172
Desenfadar 40
Desenfadeir 200
Desenfangar 184
Desenfarcellar 40
Desenfardar 40
Desenfardellar 40
Desenfardissar 40
Desenfarfegar 184
Desenfebrar-se 40
Desenfellonir-se 172
Desenferrissar 40
Desenfetgegar 184
Desenfilar 40
Desenfitar 40
Desenflocar 236
Desenfocar 236
Desenfonyar 40
Desenforcar 236
Desenforinyar 40
Desenformar 40
Desenfornar 40
Desenfrenar 40
Desenfundar 40
Desenfuriar 42
Desenfurismar 40
Desenfustar 40
Desengabiar 42
Desengafetar 40
Desengalavernar-se 40
Desengandulir 172
Desenganxar 40
Desenganyar 40
Desengatjar 104
Desengavanyar 40
Desengolfar 40
Desengomar 40
Desengorjar 104
Desengormandir 172
Desengorronir 214
Desengravar 40
Desengreixar 40
Desengrescar 236
Desengrevir 214
Desengrillonar 40
Desengruixir 214
Desengrutar 40
Desenguantar 40
Desenguerxir 214
Desenguixar 40
Desenjovar 40
Desenllaçar 54
Desenllaminir 214
Desenllardar 40
Desenllardissar 40
Desenllatar 40
Desenllefernar 40
Desenllefiscar 236
Desenlleganyar 40
Desenllepissar 40
Desenllepolir 172
Desenlletgir 214
Desenllorar 40
Desenllosar 40
Desenllotar 40
Desenlluernar 40
Desenllustrar 40
Desennuegar 184
Desennuvolar-se 40
Desenquadernar 40
Desenquadrar 40
Desenquimerar 40
Desenrabiar-se 42
Desenrajolar 40

D

D

D

E

E

E

E

E

E

Espessigar	184
Espessir	214
Espetarregar	184
Espetegar	184
Espeternegar	184
Espeuar-se	40
Espiar	42
Espicassar	40
Espicossar	40
Espifiar	42
Espigar	184
Espignar	40
Espigolar	40
Espiguejar	104
Espinar	40
Espinçar	54
Espingar	184
Espinyar	40
Espinyocar	236
Espinyolar	40
Espinyonar	40
Espipellejar	104
Espirar	40
Espirejar	104
Espiritualitzar	40
Espitellar-se	40
Espitjar-se	104
Espitllar	40
Espitllerar	40
Espitrar	40
Espitregar-se	184
Esplaiar	110
Esplanar	40
Espletar	40
Esplomar	40
Esplomissar	40
Esplugar	184
Espodassar	40
Espoliar	42
Espolinar	40
Espollar	40
Espollinar-se	40
Espolsar	40
Espoltrar-se	40
Espoltrir-se	214
Esponcellar	40
Esponjar	104
Esporcellar-se	40
Esporgar	184
Esporguinyar	40
Esportellar	40
Esporuguir	172
Esposar	40
Espotonar-se	40
Esprémer	226
Esprimatxar-se	40
Esprovar	40
Espuar	118
Espuçar	54
Espuntar	40
Espuntegar	184
Espunyar	40
Espunyir	214
Espurnar	40
Espurnejar	104
Esputar	40
Esquarterar	40
Esqueixalar	40
Esqueixar	40
Esquellotar	40
Esquellotejar	104
Esquematitzar	40
Esquenar	40
Esquerar	40
Esquerdar	40
Esquerdejar	104
Esquerdissar-se	40
Esquerrar	40
Esquiar	42
Esquifir-se	214
Esquilar	40
Esquinçar	54
Esquirolejar	104
Esquitllar-se	40
Esquitxar	40
Esquitxotejar	104
Esquivar	40
Ésser	112
Establar	40
Establir	**50**
Estabornir	172
Estabular	40
Estacar	236
Estacionar	40
Estafar	40
Estaiar	110
Estalonar	40
Estalviar	42
Estamordir	214
Estampar	40
Estampillar	40
Estampir	172
Estancar	236
Estantolar	40
Estanyadar	40
Estanyar	40
Estar	116
Estarrufar	40
Estassar	40
Estatuir	200
Estavellar	40
Estellar	40
Estendre	26
Estenografiar	42
Esteranyinar	40
Estereotipar	40
Estergir	214
Esterificar	236
Esterilitzar	40
Esterniar	42

E

F

M

Masticar	236
Masturbar-se	40
Matar	40
Materialitzar	40
Matinar	40
Matinejar	104
Matisar	40
Matricular	40
Matxucar	236
Maurar	40
Mecanitzar	40
Mecanografiar	42
Mediatitzar	40
Medicar	236
Meditar	40
Mediumitzar	40
Melindrejar	104
Mel.lificar	236
Membrar	40
Memorar	40
Menar	40
Mencionar	40
Mendicar	236
Menjar	104
Menjotejar	104
Menjucar	236
Menjuquejar	104
Menjussar	40
Menstruar	118
Mentir	142
Menyscabar	40
Menysprear	144
Meravellar	40
Mercadejar	104
Merceritzar	40
Merèixer	146
Meritar	40
Mesar	40
Mesclar	40
Mesquinejar	104
Mestallar	40
Mestralejar	104
Mestrejar	104
Mestressejar	104
Mesturar	40
Mesurar	40
Metaforitzar	40
Metal.litzar	40
Metamorfosar	40
Meteoritzar	40
Metjar	104
Metoditzar	40
Metre	148
Migjornejar	104
Migpartir	172
Migrar	40
Migrolar-se	40
Militar	40
Militaritzar	40
Millorar	40
Mimar	40
Minar	40
Mineralitzar	40
Minimitzar	40
Ministrar	40
Minorar	40
Minutar	40
Minvar	40
Minyonejar	104
Miolar	40
Mirallejar	104
Mirar	40
Mirotejar	104
Mirrar	40
Misserejar	104
Mistificar	236
Mitigar	184
Mitjançar	54
Mixturar	40
Mobilitzar	40
Moblar	40
Mocar	236
Modelar	40
Moderar	40
Modernitzar	40
Modificar	236
Modular	40
Mofar-se	40
Molar	40
Moldre	150
Molestar	40
Moletejar	104
Molinar	40
Mollejar	104
Mol.lificar	236
Moltonejar	104
Molturar	40
Momificar	236
Monetitzar	40
Monjoiar	110
Monoftongar	184
Monologar	184
Monopolitzar	40
Moquejar	104
Moralitzar	40
Morcar	236
Mordentar	40
Mordicar	236
Morigerar	40
Morir	152
Mormolar	40
Mormolejar	104
Morralejar	104
Morrejar	104
Mortificar	236
Moscallejar	104
Mosquejar	104
Mossegar	184
Mostrar	40
Motejar	104

P

*V. pàg. 318

P

R

R

S

T

T

*** Plànyer**

Participi:
planyut, planyuda (o plangut, planguda) planyuts, planyudes.

*** Commoure**

Participi:
commogut, commoguda (o commòs, commosa), commoguts, commogudes.

ÍNDEX GENERAL

COL·LECCIÓ POMPEU FABRA

1 ESCRIVIU BÉ EL CATALÀ, V. Codina
I. Normes concises i precises
(Exhaurit)

2 PARLEU BÉ EL CATALÀ, R. Caralt
I. Vocabulari d'incorreccions

3 PARLEU BÉ EL CATALÀ, M. Casanoves
II. Normes pràctiques

4 PARLEU MÉS BÉ EL CATALÀ, A. Ferret

5 VOCABULARI AUTOMOBILÍSTIC, A. Ricart
Castellà-català

6 ELS VERBS CATALANS CONJUGATS
J. B. Xuriguera

7 ESCRIVIU BÉ EL CATALÀ, M. Casanoves
II. Manual d'ortografia

8 NOU DICCIONARI DE LA LLENGUA
CATALANA J. B. Xuriguera

9 GRÀCIA I DESGRÀCIA DE
LES TRADUCCIONS LITERALS, J. M. Soler